# 新しい時代のお金の教科書

山口揚平 Yamaguchi Yohei



★――ちくまプリマー新書
290

目次 ＊ Contents

金持ちになれないのか？——信用の「箱」を持て

第二章 お金の正体を知れば、もっと自由になれる——お金の本質……45

イラスト　MICANO
図表　山口揚平

# はじめに

この本のテーマは、「お金はこれからどうなるのか？」です。これまで「お金はもっと欲しい」「お金さえあれば人生は安泰だ」というものでした。しかし、二一世紀に入ってどうやら様子が変わってきました。例えばみんなが欲しがるものが、お金では買えないもの（人からの承認など）になってきたこと、あるいはお金自体も円やドルなどの国が発行するものからビットコイン（Bitcoin）などへと姿を変えていること、また信用がある人は、クラウドファンディングや寄付などでお金を簡単に集めやすくなったことなどです。みんなが欲しがるものが変わり、お金自体も変わり、そしてそのお金も信用によって創りやすくなる、こうなってくると大事なことは、今のお金（一〇〇万円とか一億円とか）を貯めることではなく、もっと個人の信用を積み上げてくることだとわかります。こうしたお金を取り巻く環境の変化を大局的に見て、これからの生き方を考えるというのが本書の趣旨です。

本書では、お金の起源、歴史、そしてこれからお金に影響を与える大きな変化、お金の未来までをできるだけ体系的に紹介しています。

お金をめぐって大きな転換点が来ている今、まずは表面的な円やドルといった目に見えるお金ではなく、お金の本質に目を向けなければなりません。それはつまりお金とはそもそも一体なんなのか、ということです。

まず第一章ではお金の起源を紐解《ひもと》くことでその本質を示すことにし、現代の通貨に至るまでの歴史について見ていきましょう。第二章ではお金の正体をもう少し詳しく話します。

第三章ではお金の変遷に影響を与えた四つの変化として、国家・経済・社会・技術の変化を人々の欲求とそれを交換する仕組みの二つの観点から紐解《ひもと》いていきます。そして第四章でお金の未来について考えたのちに、最後の第五章で身につけるべきお金の習慣を紹介してゆきます。

## 本書の構成

**お金と起源と定義（第1章）**

- 起源：信用の取引・精算のシステム
- 定義：譲渡可能な信用

↓

**お金の正体（第2章）**

- 信用：（専門性＋確実度＋親密度）/利己心
- 汎用：広さ×深さ

↓

**お金の4つの変化（第3章）**

- 経済：モノ→コトへ
- 国家：国家→個人へ
- 社会：タテ→ヨコへ
- 技術：空間→時間へ

↓

**お金の未来（第4章）**

- 資本主義経済：お金でモノをやりとりする
- 信用主義経済：信用でコトをやりとりする
- 時間主義経済：時間でコトをやりとりする
- 記帳主義経済：信用でモノをやりとりする

↓

**21世紀のお金との正しい付き合い方（第5章）**

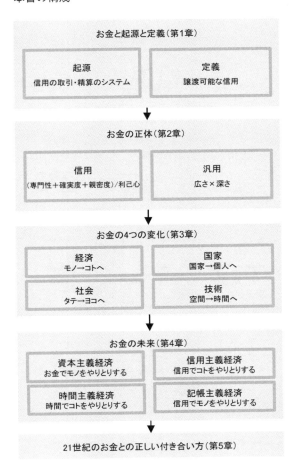

ぜひ最後までお付き合いください。

# 第一章

# ピカソがお金持ちだったわけ——お金の歴史

## 1　お金の本質を見抜いていたピカソ

これからお金にまつわるとても面白い話を始めます。

最初に、有名な画家ピカソについて、少しお話をします。なぜならこのピカソこそがお金の天才だったからです。彼はお金の正体、その本質を知っていました。実際、ピカソが亡くなる時には七五〇〇億円もの資産を持っていたと言われます。

ピカソの本名はご存知ですか？

パブロ・ディエゴ・ホセ・フランシスコ・デ・パウラ・ファン・ネポムセーノ・マリーア・デ・ロス・レメディオス・シプリアーノ・デ・ラ・サンティシマ・トリニダード・ルイス・イ・ピカソというのが全体の名前です。とても長いです。様々な聖人や親戚、親友の名前をもらって付け加えていったからだと言われています。

その名をつなげることでピカソは縁者と協力者を募っていきました。そうすることでピカソは様々な縁、今で言うネットワークを広げ深めていったのです。

貨幣の本質、すなわち貨幣とはコミュニケーションのための言語であって、その価値はネットワークと信用であるとピカソはわかっていたのです。

## ピカソは物語とつながりを通してお金を得ていた

ピカソは一流の売り手でもありました。通常の画家は絵を画商に託して、自らは創作活動をするわけですが、ピカソは違いました。絵を描《か》き上げたら画商達を集めて、絵を見せる前に一時間くらい話します。この絵にどのような背景があり、どのような心象風景を描いたものなのかを話すのです。そして最後におもむろにシートをまくりぱっと絵を見せます。すると絵に物語がついてきて、ただ絵を見たときよりもずっと価値を感じるのです。人はモノを買うのではなく、物語を買う、それが彼にはわかっていたのです。そうやって絵の価値と価格を上げていったわけです。

## ピカソは対価をワインで受け取った

シャトー・ムートン・ロートシルトという有名なワインがあります。そのワインのラベルは毎年有名な画家に描いてもらっていました。そのラベルのひとつはピカソが描いたものであり、二〇一七年では一本約一八万円になっています。このワインのラベルを描いたとき、ピカソはその代金を「お金でなくワインでください」と言ったのです。なぜならその方が、将来的には価値が上がると考えたからです。年数が経《た》つと、当然ワインの値段は上がるわけです。そしてピカソもますます創作活動をするため、有名になっていきます。そうするとワインの熟成年数とピカソの名声の上がり方の掛け算で値段が上がっていきます。一挙両得。画家は通常、自分が最初に売った絵がその後いくら高値で取引されても一銭も入ってきません。しかし、ワインならプレミアムがつき値段が上がりますから、絵を売った後でも収入を得られます。どんどん値が上がり、しかもそれを画家である自分が保有しているわけですからその分の付加価値もつきます。ピカソにとって自分のラベルのワインは最高の投資先になったわけです。

### なぜピカソは小切手を使ったのか？

またピカソは日常生活の少額の支払いであっても好んで小切手を使っていました。例えば画材や絵の具を買う際に、小切手を出していたのです。なぜでしょうか？　普通の人は小切手を渡されたら、銀行で換金します。でもピカソからもらった小切手は、有名なピカソのサインが書いてあるので、店主は銀行で換金しないのですね。だからピカソは実際には代金を支払わずに済んだという話です。ここではピカソのサインが紙幣の代わりをしています。自分のサインに価値がありそれは貨幣となりうる、ということまでわかっていたわけですから非常に賢いです。

ピカソにまつわるこういう話は他にもたくさんあります。ピカソほどおそろしく頭の切れるアーティストはいませんでした。彼は本当の天才でした。ものの本質を見抜いていたわけです。それがお金というとても抽象的なものであったとしても、です。

これは、前著『なぜゴッホは貧乏で、ピカソは金持ちだったのか？』（ダイヤモンド社）に書いた逸話《いつわ》の一部です。ご興味があればごらんください。

さて、これからみなさんに、そのめくるめくお金の世界を披露してゆきましょう。

不可解で謎が多いお金。その正体は何なのでしょうか？

## 2　お金の起源は記帳だった？

**お金が物々交換から始まったのは嘘？**

まずは、お金の起源から見ていきましょう。

お金ができる前はいったいどうしていたのでしょう？

物々交換をしていた、おそらくみなさん、学校ではそう習ったのではないでしょうか？

しかし、最近の研究ではお金が物々交換から始まったのは嘘《うそ》だと言われています。

物々交換とは以下のようなことです。

例えば、山の民族と海の民族がいます。まず森の中にある交換所に海の民族が海産物を置いていく。

そしてその数時間後に山の民族の代表がやってきて、海の民族が置いていったものと自分が持ってきたものの価値がマッチすると思えば、自分が持ってきたものを置いて、その海の民族のものを持って帰る。そしてそのまた数時間後に海の民族がやってきて、山の民族が置いていったものを海の民族が持っていくという形です。そういう神聖な儀式でした。

私達が習ってきた貨幣の歴史は、以上のようにそもそも物々交換が元々あり、物々交換の不便さを解消するために貨幣が生まれた、という物語でした。ですがこの話とは別に「お金の始まりは、交換ができないほど巨大な石だった」という説があるのです。

物々交換のために生まれたお金

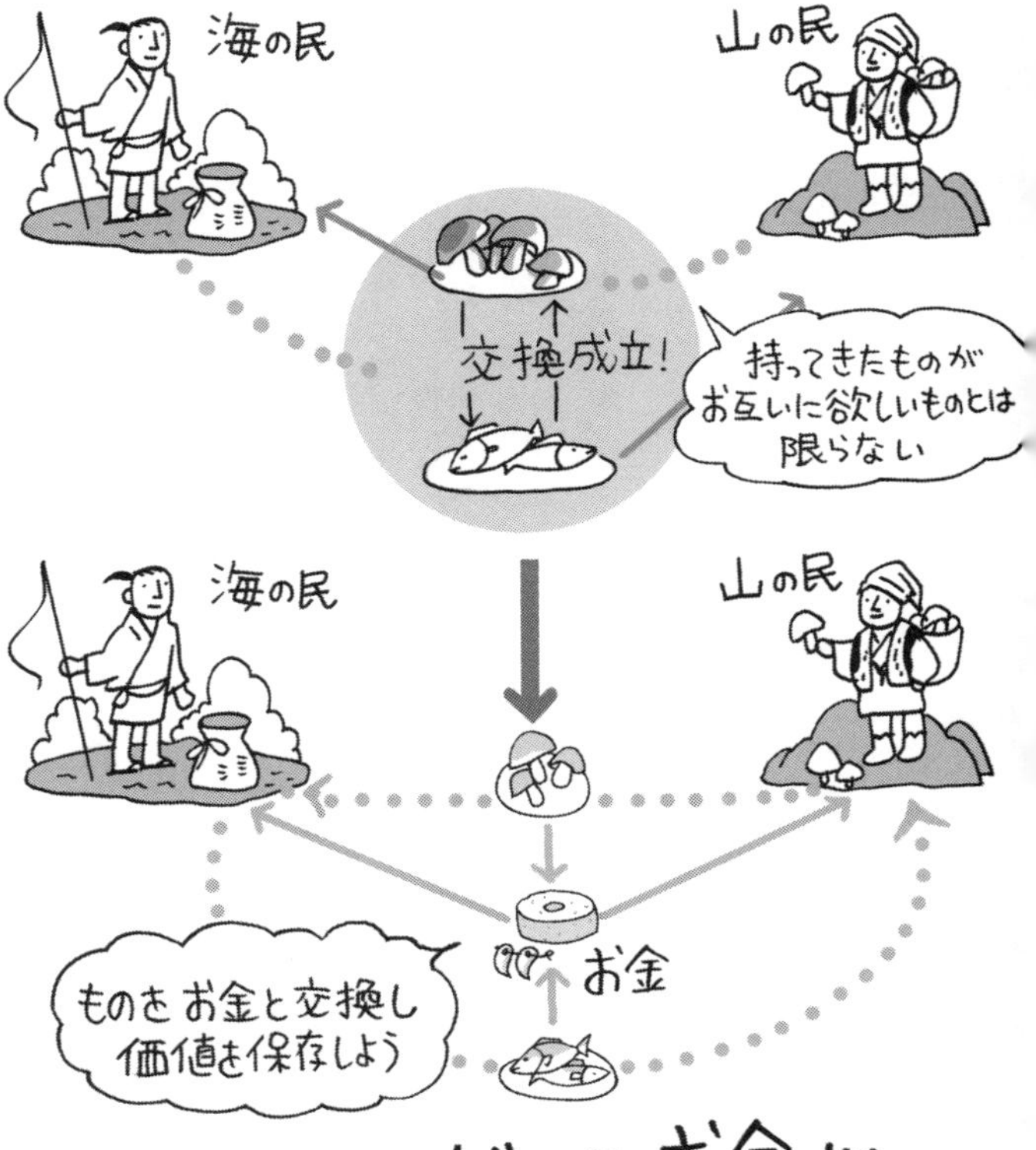


だからお金が生まれた?

## お金の起源は動かせないほど巨大な石だった？

これはミクロネシアのヤップ島です。

ヤップ島という小さな島の中にフェイという大石があります。

このフェイが、お金の起源だと言われるのですが、とても大きくて持ち運べないほどのものでした。これをどうしたかというと、持ち運んだのではなく、実はここにナマコ三匹とかヤシ一個とか、お互いにもらったもの、あげたものを刻んでいったのです。

つまり、お金という便利なツールが最初からあったのではなく、記帳（記録）から始まっているということです。お互いの貸借の記帳がお金の起源だと言われています。そしてこれは面白い話ですが、たとえこの大石のフェイが海の中に沈んでも、あそこの家は金持ちだったなどということがずっと言い伝えられています。だからもはや記帳しなくても、記憶されていくということが起こっていったりするのです。人々の間で行われた交換を相互に監視し合うことで信用が蓄積していく、ある種の権威や信用になっているということです。

# 動かせない石として生まれたお金

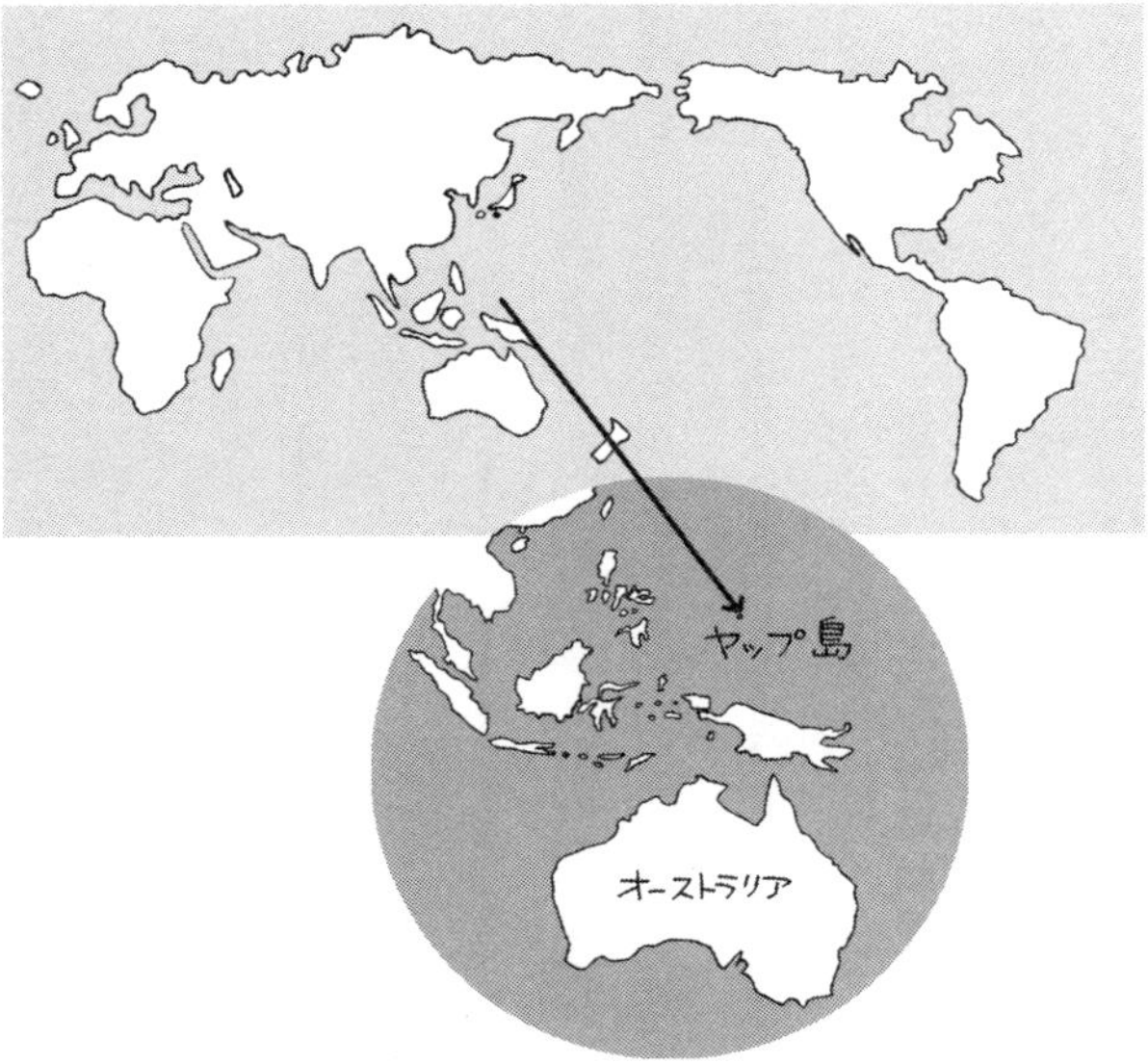


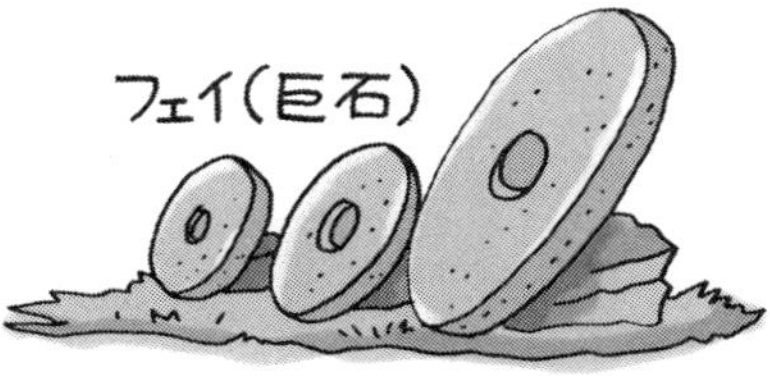

人間とは不思議なものです。最初は数字できちんと記録する、だがやがて数字が積み上がるとそれを持っていた人や家そのものを信用するようになるのです。

さらに面白い動きがあります。それはこのヤップ島のフェイの記帳の仕組みが、今、世界規模に広がっているということです。

今、ビットコイン（Bitcoin）をはじめとした仮想通貨やその元となっているブロックチェーンが注目されています。あとで詳しく説明しますが、ブロックチェーンを簡単に説明すると、分散台帳システムと言って、暗号化された取引が各々の持つ台帳に記帳されるものです。そして、あらゆる人がこの台帳を持つ（分散して持っている）、ということです。この仕組みによって台帳を一つ改ざんしても他を改ざんすることができないので、嘘がつけない仕組みになっています。その記帳のプログラムをどんどん堅牢《けんろう》にしてゆく人がおり、その人たちにビットコイン（Bitcoin）が配られるわけです。

よく考えてみてください。

これはフェイを使った記帳がヤップ島という小さな島を超えて、地球上に広がったとも考えられませんか？　つまりお金は記帳から始まって、やがて今の円やドルのような貨幣となって共通の価値の単位となった。それがまた記帳へと戻ってきている。ぐるりと一周したという見方もできます。記録・信用から単なる数字へと、そしてまた記録・信用へと回帰しつつあるのです。

また余談ですが、フェイに書かれた記帳から楔形《くさびがた》文字が生まれたと言われており、それが本当だとすると文字より先にお金があったということです。これもまた面白いです。いかに人間という種にとってお金というコミュニケーションツールが重要だったかを物語っているからです。

## お金の正体は、信用の取引・精算のシステムだった

そもそもなぜ記帳がそんなに重要なのかというと、それは「相手を信用する」という

人間本来の性質に基づいているからです。お金の起源は人々が経済取引をするときにリアルタイムに欲しいモノ同士を物々交換するのではなく、あげたもの、もらったもの、その価値や数量を記帳してゆく、という記録のシステムです。その記録と各人の信用に基づいて、そこに今、現物の価値ある資産がなくても「信用」する、ということ。これこそがお金が大発明と言われる理由です。

伊坂幸太郎《いさかこうたろう》の小説、『ゴールデンスランバー』（新潮文庫）に人間の最大の特徴は、「信用と習慣」だという一節が出てきます。この相手を信用する、ということが取引と分業を中心に発展してきたゆえんなのです。映画に出てくるヤクザ同士の取引ではそうはいきません。銃を片手に港の倉庫で現物同士を交換しなければなりません。なぜならそこには「信用」がないからです。しかし賢い人間は相手を信用するのです。

## 民族内から国内への広がり――ヴェニスの商人

この記帳の中心言語である簿記自体はメソポタミアでずっと昔に生まれています。中世ヨーロッパの商人の話はみなさん、シェイクスピアの『ヴェニスの商人』でご存知なのではないでしょうか。ヨーロッパの大商人たちは自分たちの私的なネットワークをつかって膨大な貸借を貯めていって、年に一度、リヨンに集まって精算していました。一般の市民にはいったい何が行われているのか、さっぱりわからなかったと言われていいます。記帳や帳簿の偉大さを知りたい人は、ぜひ『帳簿の世界史』(ジェイコブ・ソール著、文藝春秋)を読んでみてください。

さて私は、お金の始まりは「記帳」にあったといいました。

では記帳がどうやって現代のような貨幣へと変化していったのでしょうか。

### お金の発展——商品の王様として成立した貨幣

一つの方法はボトムアップ、つまり庶民の生活の中で自然にお金となるケースです。

これにはよく言われるものとして、カール＝メンガーのお金の定義である「販売可能性が高い商品」というものがあります。メンガーは私の修士論文のテーマでした。

図を見てください。一次財、二次財、高次財と書いてあります。例えば、木屑《きくず》よりも木、木よりも森の方が高次だということです。上にいくほど汎用性がある。つまり下にあるものを補完できる。だからより高次な、つまりみんなが欲しがるものの頂点にあるのがお金であるという考え方です。ボトムアップで発生したものがお金ということです。近代まではみなさんがよく知っている鉱物資源がお金になっています。

金《きん》が商品の王様、つまりお金そのものだった時代がありますが、みなさんは忘れているかもしれません。わずか数十年前の話です。今はお金を銀行に持って行っても金《きん》に交換してくれません。では未《いま》だに金《きん》はお金なのか？　というとそれはもはやお金とは言えないですね。金の延べ棒を持っている人は、あまりいないのではないでしょうか。鉱物としての金は有益性があり、いろいろなものに使えますが、機能的にももっといいもの

## 販売可能性が高い商品として生まれたお金

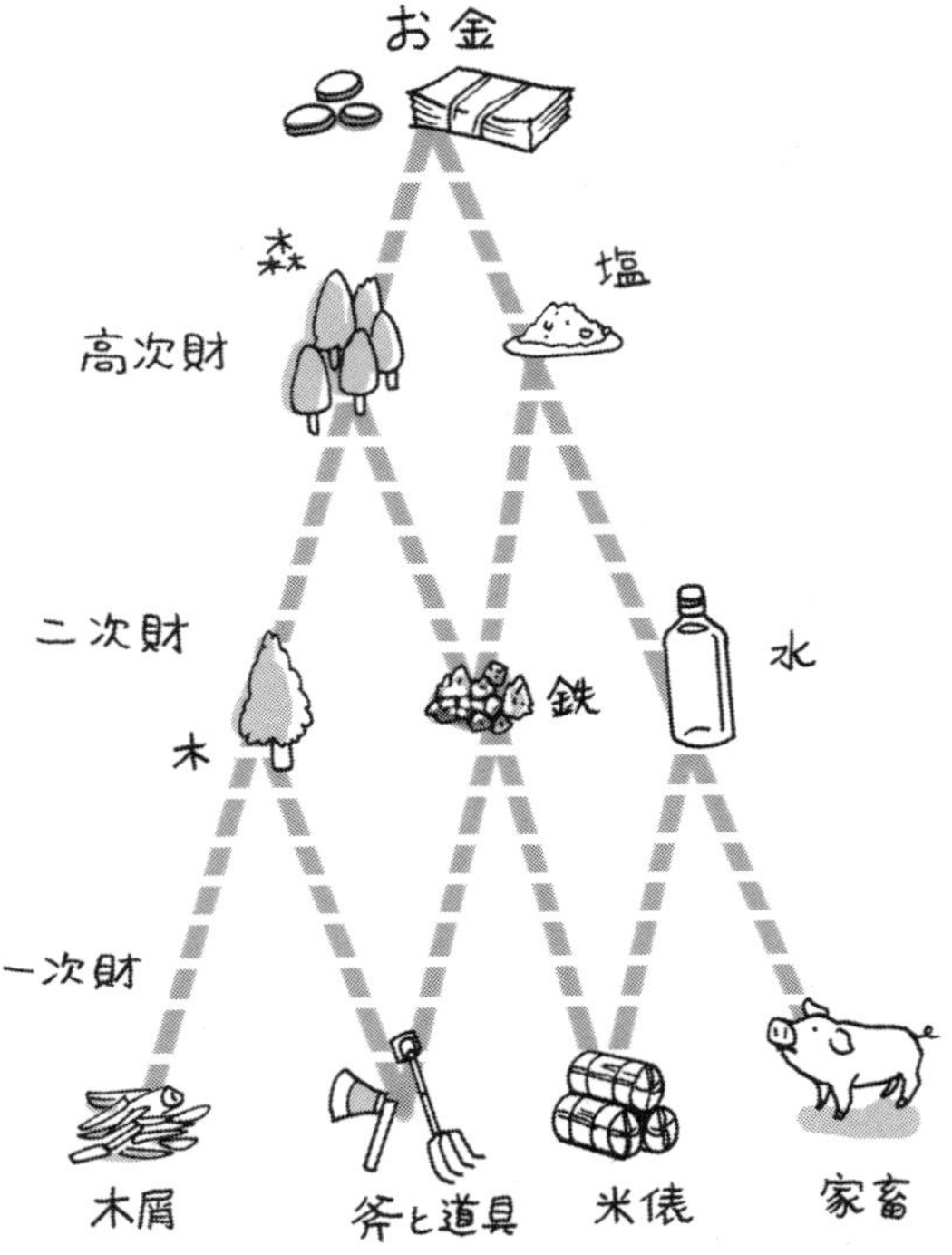

が出てきていますから、金《きん》はお金にならないぞという風になってきました。みんなが求めないものはもはやお金にはなりえないのです。

このようにボトムアップのお金は時代ごとにあくまで流動的であり、お金をお金たらしめる物体は変動するのです。

## 王様の権威と商人の信用によって生まれたお金

もう一つはトップダウン、つまり王様の権威から生まれたお金です。

一七世紀の終わりにはヨーロッパではもともと国内で取引を行っていた商人が集まって、国際金融ネットワークができていました。すでに述べたように彼らの信用できるクラブでは、互いの信用をもとにした私的取引の貸借ができるようになってきていました。しかしこれでは、取引できる人々やその範囲が限定されてしまいます。商人は困りまし

王様の権威と商人の信用によって生まれたお金

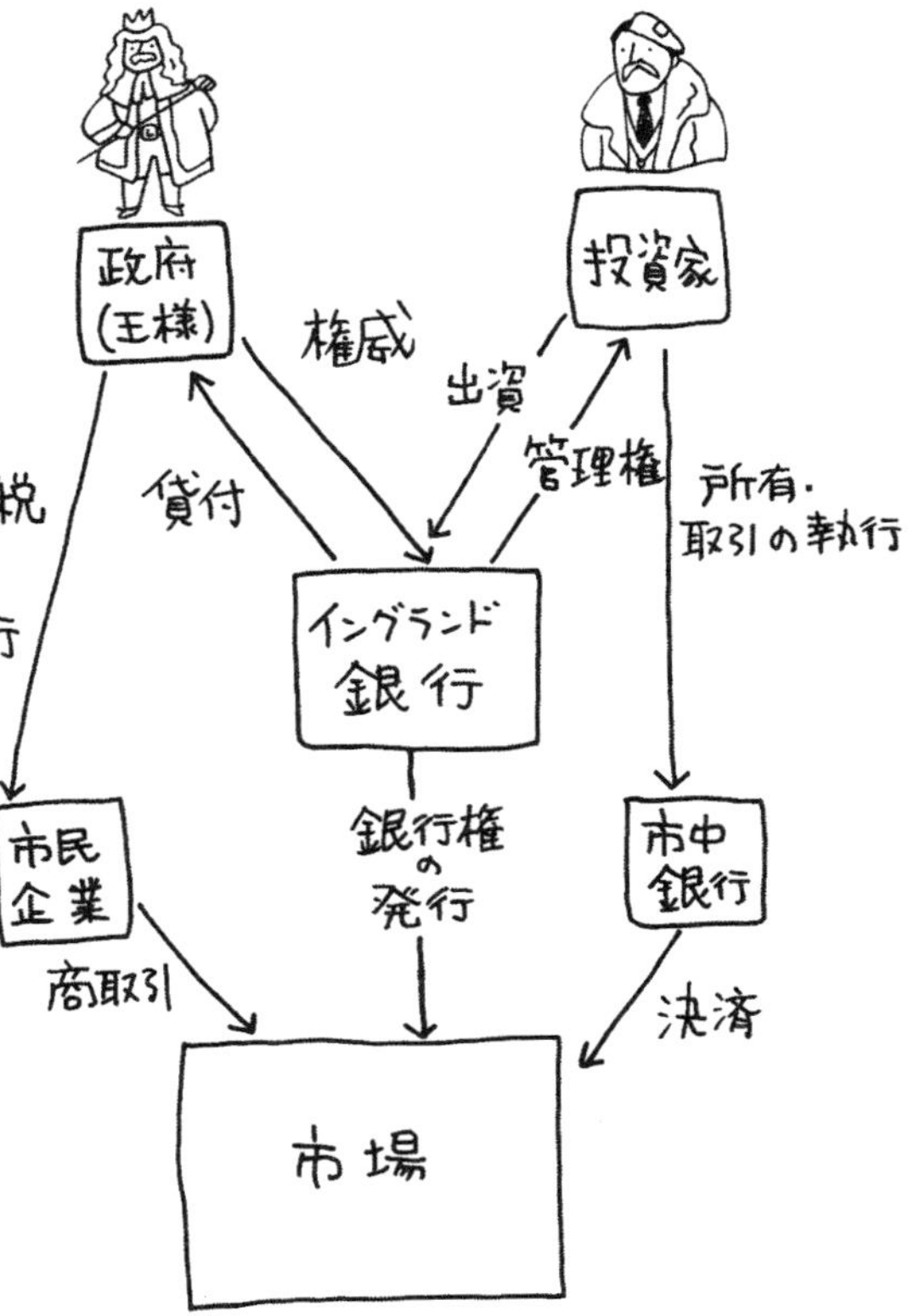

た。もっと大きな取引を行うには王様と手を結ぶしかありません。こうして王様の権威と商人の信用の両陣営が組んで一六九六年にできたのがイングランド銀行という初めての中央銀行でした。

Finance（ファイナンス）にはラテン語で「王の蔵」という意味があります。

## 現代のお金も権力や権威と結びついている

みなさんが知っている中央銀行は日本銀行ですね。日銀の株主構成を見ると政府機関ではなく意外なことに民間資本が入っているとわかります。その株主にはユダヤ系の資本も入っています。ユダヤ人は古くから金融業に従事していたこともあり、資本主義の発展に伴い大きな力を持つようになりました。それを元に、ユダヤ人が世界を支配していると言われたりしていますが、それには私は懐疑的です。この本を最後までお読みになればわかるようにお金を支配することなど誰にもできません。

## 現在の中央銀行

### 日本銀行

### 日本の場合

株主構成　日本政府：55%　民間：45%

株主内訳　保有に必要な条件はなく、個人も保有

### FRB

### アメリカの場合

株主構成　アメリカ政府：0%　民間：100%

株主内訳　地区連邦準備銀行によって管轄される個別金融機関が株主

現在は日本銀行が発行しているお金ですが、人々の共通認識である「お金」とはどこから来ているのでしょうか？

今のお金は、権威や権力が結びつかないとお金として成立しません。『貨幣論』（ちくま学芸文庫）で有名な経済学者の岩井克人先生は「お金は皆がお金であると信じるから、お金である」と言っています。これは循環論法と言い、信用があり、なんとか引き取ってくれる人がいるということを前提として成り立っているということを意味しています。なんだか禅問答のようですが、多くの人がこのお金は価値がない、紙クズだと思うとそれはもうお金としてちゃんと流通しなくなります。

## 3　お金とは何か？

お金を定義するならば、「譲渡可能な信用」あるいは「外部化された信用」ということになります。でもこの定義はちょっと難しいので説明が必要かもしれません。

図で表すと三十九頁のようになります。
まず「信用の母体」があります。母体は現在は国ですが、鉱物でも個人でも、はたまたビルや馬でもいいのです。将来はそうなるでしょう。いずれにせよその母体の価値をみんなが認知し信用している必要があります。そしてその信用の母体が母体の外に出したもの、それがお金です。このお金は信用を内部に持ちながらも匿名の存在として、みんなの間で取引に使われるルールとなるのです。これが基本的なお金の仕組みです。

**母体とその信用、そして信用が外部化されて匿名の存在として流通する、そのことによって人々が自由に分業しながら取引を活発化させる、それがお金の役割です。**

なぜ人間にとってお金はもっとも重要な発明なのか?

お金はなぜ人間にとってもっとも重要な発明なのでしょうか? 人間にとってのお金の必要性を、人間を生物の一種として根本的なところから捉えて考えましょう。そもそも「**人間とは、分業と取引によって栄え、〝違い〟と〝社会〟によって補完しあうことを選択した種**」のことです。違うことこそが価値、そして違う個体が社会の中で共存し、分業し取引することによって繁栄し、種の絶滅を防ぐことができる、そういう生き残り戦略を選択した生物種だということです。そのような生物にとって自分と違う人を〝信用〟し、取引することが可能になったこの信用取引（お金）という仕組みは最高の発明だったということです。

生物種としての人間の強みは何か？　を考えると、どうしても「個性」と「社会性」の掛け算に行き着きます。そしてその「社会性」、特に人間が、お互いの個性を発揮して、分業してゆくためにはどうしてもお金というメディア（交換媒体）が必要なのです。しかしそのメディアはみんなが信用できるものでなければならない。だからみんなが信用しているメディア＝お金＝（ちょっと難しく言えば、譲渡可能な信用）なのです。

ちょっと難しかったですね。

信用の母体の図

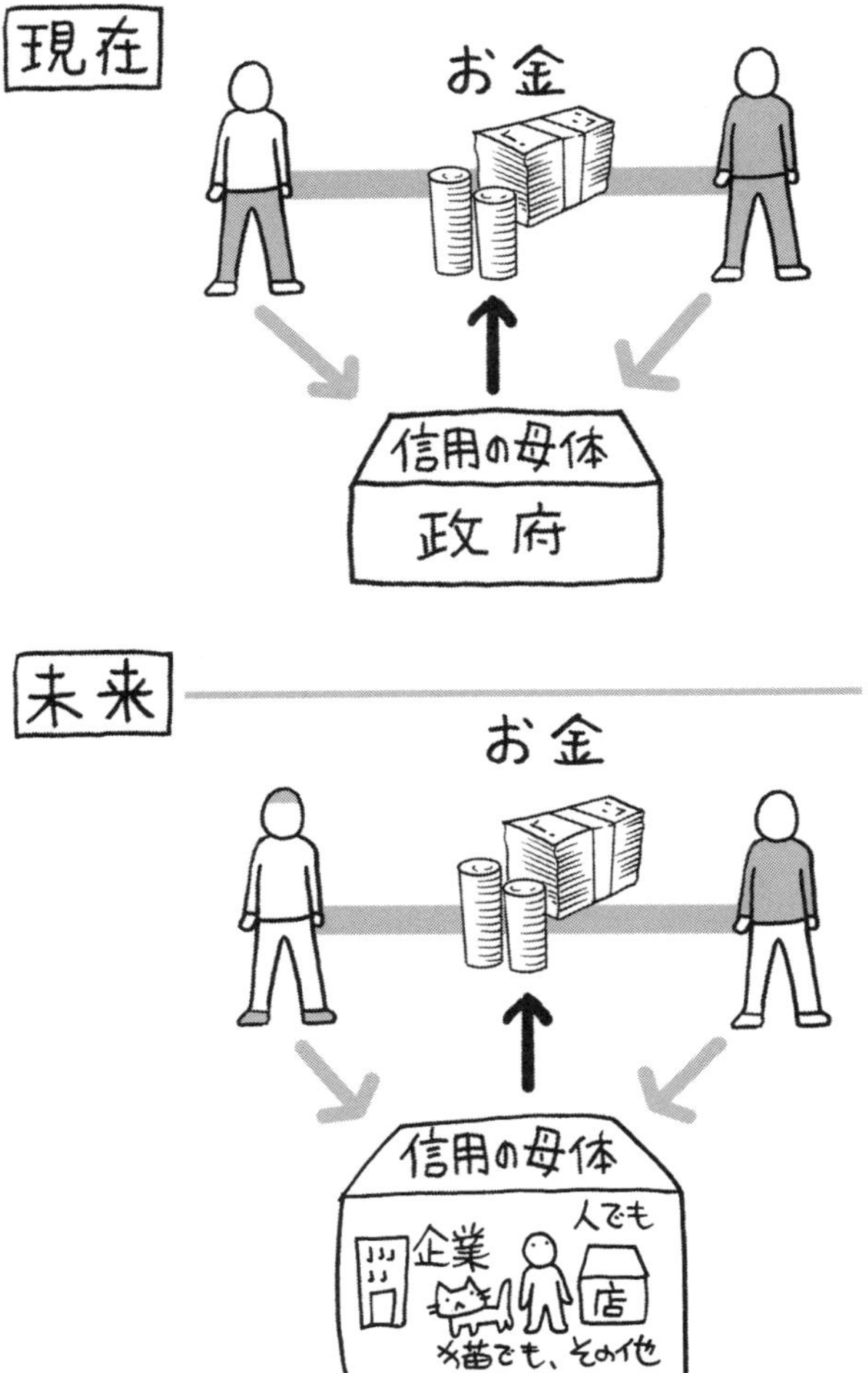

## なぜあなたはお金持ちになれないのか?——信用の「箱」を持て

さて、実際に現実の世界を見渡すとサラリーマン社長はどんなに大企業でも大金持ちにはなれません。不思議だと思いませんか? その理由はどんなに社長として大きな価値を創り出してもその信用の「箱」を持っていないからです。起業家がお金を持っているのは、最初に箱を作った人だからです。「起業するならIPO(新規株式上場)を目指せ」と言われますが、IPOは会社の株が広く譲渡されるような場に「箱」を持っていることです。譲渡売買が行われるマーケットがある。だからIPOするわけです。

起業家は、まず会社という箱を作り、その箱の中に価値を創り、それらを結びつけて事業を形作っていく。その会社(箱)の株の価値が上がっていくにつれてお金という財と化すというわけです。ただ価値を創るのではなく、株という形で譲渡可能にしておくからこそ、彼らはお金持ちになるわけです。

繰り返します。お金は譲渡可能な信用です。譲渡可能な形にするためには、仕組みから考えないといけないのです。ここにポイントがあります。お金持ちになるかどうかは、価値を創ったかどうかということではありません。どんなに価値があったとしても役に立たないのは、譲渡可能なシステム、箱を持っていないからです。

この仕組みがわかると、世界のお金のうちほとんどが起業家・創業者からうまれる、という理由がわかります。

まとめると二〇世紀まではお金持ちになるには三つのステップが必要でした。一．まず譲渡可能な「箱」を作り、二．その中に「価値」を積み上げてゆく、三．最後にその「箱」を譲渡する、ということでした。この隠された仕組みに気がついていることが大切でした。

しかし、この仕組みは、きっと二一世紀には通用しないでしょう。なぜならお金そのものがまったく別のものに変わってゆくからです。そこにブロックチェーンテクノロジーの時代、つまり「記帳時代」のからくりがあるのです。それはお金を使わず、直接、価値の交換をしてすべてを記帳してゆく時代です。その話は後半でします。

では、記帳として始まったお金は、その後どういう風に発展していったのでしょうか。第二章では、お金を構成する二つの要素「汎用」と「信用」について述べてゆきます。

**〈第一章まとめ〉**

**お金は記帳を起源にはじまりました。そしてお金の定義は、譲渡可能な（外部化された）信用であるということです。また社会性と個性を軸とする人間によって、効率的な社会的取引のためにこのお金というのは重要な発明でした。**

**ここから言える第一章でのメッセージはお金の本質に戻ったとき、それは信用であると**

いうことであり、「お金は稼ぐのではなく、実は〝創るもの〟である」、ということです。

二一世紀で大事なことは、人（や国家）がつくった二次的な生産物であるお金をもらう、というスタンスではなく、自分が自らお金（信用）を創り出すということなのです。


そして、もう一つ。人間にとってお金が大事な理由です。

この世界に万能なスーパーマンは存在しませんし、存在してはならない。なぜなら人間とは個性と社会性の二つをもって分業し合うことで繁栄することを生存戦略とした生物種だからです。

ですから人生の早いタイミングで自分の個性（天才性）を見つけ、それを際立たせ、そこから決して意識のポジションをずらすことなく伸ばし育てていきましょう。そしてその自分固有の能力を人と分かち合い互いに分業しましょう。イチローのように。そうすればあなたは社会において特別な存在ではないが特殊な存在になりえるのです。大丈夫。この世には、コモディティ（一般性）な人間など一人もいないのです。

# 第二章

# お金の正体を知れば、もっと自由になれる——お金の本質

## 1　通貨の価値を決めるのは信用と汎用

これまでお金にまつわる色々な話と、どうやってお金が出来てきたのかについて話をしてきました。人々は互いに大事なものをあげたり、もらったり、そしてそれを記帳していったこと、お互いの記帳と精算の歴史、そして王の権威と商人の信用がくっついて中央銀行が出来たこと。

いよいよお金の本質に迫っていきます。

お金をお金たらしめているたった二つの要素、それさえ知っていればあなたはお金のマスターになれます。

お金、一般には通貨ですが、一体、その通貨の価値は何であるか？　お金の価値を決める単純な方程式があります。

**お金（通貨）の価値＝使っている人の数×発行している母体の信用**

です。これがもっとも重要な方程式です。もっとシンプルに言えば、「信用」×「汎用」ということになります。

お金とは外部化された譲渡可能な信用だと第一章で述べました。その定義に基づけば、円やドルなどの中央銀行通貨は万能ではなく、お金の価値を決めるのは、母体の信用×使っている人の数、に過ぎないということです。

## 2　信用とは何か？

お金をお金たらしめている一つの要素は信用です。信用とは何か？　一言で言えば「(理由を) 問い詰められないこと」です。お金の信用に関していえば、「価値があることの理由を説明せずにすむもの」のことです。その結果として人々の間で流通され、経済活動を高速化させる媒介になるのが通貨です。人が信用を創るには価値を積むしかありません。方程式でかけば、信用＝Σ価値（信用は価値を積み上げたもの）となります。ではその価値はといえば、これにも方程式があります。価値＝（専門性＋確実性＋親和性）／利己心です。

ただこの本は価値創造の本ではないので、価値の方程式についてはまた別の機会にあらためてお話しします。もしご興味があれば拙著『なぜゴッホは貧乏で、ピカソは金持ちだったのか？』（ダイヤモンド社）や『そろそろ会社辞めようかなと思っている人に、一人でも食べていける知識をシェアしようじゃないか』（アスキー・メディアワークス）をご覧ください。

## お金と信用は離れつつある

さて、現在、先進国では、各国ともどんどんお金を刷っています。もちろん日本もです。各国の金融政策の基本は輸出を増やすために自国の通貨を安くするということです。世界中の先進国が自国通貨を安くしようとその競争（希薄化という）が行われています。

これは本当に不自然な現象です。母体の経済力を通貨安の政策によってあげようということですが、そうは簡単にはいきません。どんどん通貨を発行することで通貨単価あたりの価値が下がり、それを結局は、徴税か戦争、そのセットでケリをつけてきたのが国家通貨の歴史です。

少し話を広げるとあらゆる古今東西の戦争の本質は経済戦争にあります。どんな王様も国も子供の喧嘩《けんか》のようには戦争を始めないのです。戦争には経済的な動機が必ず背景にあります。NHKの大河ドラマのようなヒーローは表面的なものです。明治維新の立役者は坂本龍馬《さかもとりょうま》ではないし、日露戦争も秋山好古《よしふる》・真之《さねゆき》兄弟の活躍だけが勝因ではありません。やはりなぜ戦争をすることになったのか、その経済的動機と、戦費をそもそもどうやって調達してきたのか、そこに目を向けなければ本質はみえてきません。最近、『お金の流れでわかる世界の歴史』（大村大次郎　KADOKAWA）など、戦争の背景にかならず潜むお金の話を書いた本も出てきているのでご興味があればぜひ読んでみてください。

## “ザ・マネー”の拡大

さて、実際、お金（数字）の量的・質的拡大は今世紀に入って急激に起こってきました。

左の図は二〇〇三年と二〇一三年の実体経済と金融経済を比較したものです。実体経済が約一・二倍の成長しかないときに、お金は一九七兆ドルから七一〇兆ドル、つまり三・六倍くらいになっているのです。そして実体経済と金融経済の差額は約四・五倍から約一四倍になっており、実態の裏付けがなく、お金だけがどんどん膨らんでいます。実体経済と金融経済の差が広がりすぎると、ぷつりと糸が切れ、バブルが崩壊し、実体経済が機能しなくなります。デリバティブへの規制強化の影響で二〇一六年において差は約六倍へと縮まっていますが、乖離状態は依然として続いています。

金融業とは、信用の卸業者のことです。決して信用を創るわけではありません。信用は、価値創造・一貫性・コミットメントをブレンドして発酵させた結果作られるものです。しかしながら金融業者が信用を土台とせず、お金をつくり続けた結果、このような

“ザ・マネー” は量的に拡大

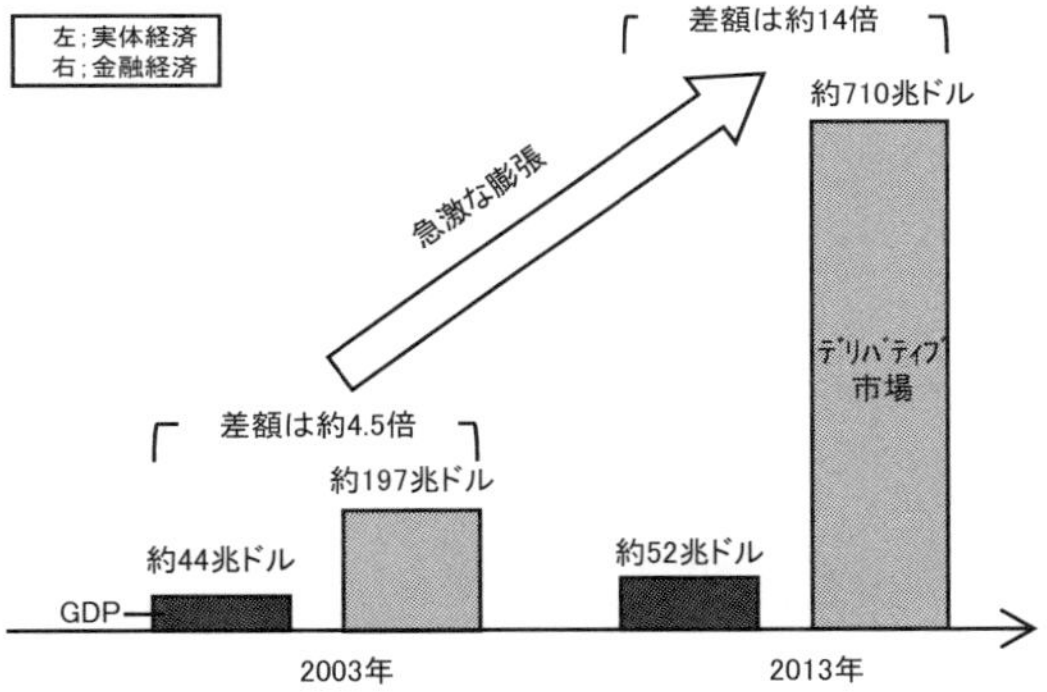


出所:
IMF - World Economic Outlook Databases (2017年10月版), BIS - Global OTC derivatieve market (2017年9月版)より作成

事態になりました。

先程述べたように現在各国で大規模に金融緩和が起こっていますが、その結果金融破綻のサイクルはどんどん短くなっていきます。

## 3　汎用とは何か？

信用についてお話しました。

今度は、お金を構成するもう一つの要素である「汎用」について細かく見てみましょう。汎用性とは「広さ」と「深さ」のかけ算、どれくらいの人が使え、何に使えるのかということ、そしてどれくらいの文脈を伝えられるかという二つの軸のかけ算で決まります。人間のコミュニケーションにはいろいろなメディアがありますが、その中に言語やお金などがあり、ボディランゲージなどもあります。このように考えれば、お金とは、汎用性が高く、文脈が浅いメディアといえます。お金は数字で表わされますから、誰でもその価値がわかるかわりに、その背景や文化・文脈を伝えるのが苦手なメディアです。

私はお金が数値であるというこの一点が、実はお金をお金たらしめている所以《ゆえん》ではないかと疑っています。数字は、世界共通ですから誰に対しても通じます。ここにお金のトリックがあります。人は数字で表現したとたんに、そこに意識が吸着していくというものなのです。私達は若い時から偏差値やランキングなど数字に対して強く執着し、固執してしまう傾向があります。しかし、その数字には本当にそれほどの意味があるのでしょうか？　私達はそこをあまり疑いません。それがお金のトリックです。人々の関心を引きつけますが、実体の価値がわからない、ということです。

### お金の広がり

信用の説明の際に、今起こっているお金の量的な拡大の話をしましたが、同時に、お金の質的な拡大も進行しています。

お金の汎用性がどんどんと拡大していることにみなさんもお気づきかと思います。パスポートやビザなどはもちろんのこと、角膜などもネットで検索すれば普通に売っています。排気物の$CO_2$、別れさせ屋、遺伝子、結婚もある意味お金で買えますよね。様々なものがお金によって入手できる時代です。倫理観（モラル）とはお金で買っていいかどうかを線引きをすることですが、気がつかないうちに私達の生活はお金にどんどん侵食されていきます。もしも「ちびまる子ちゃん」のクラスで花輪君がハマジにお金を渡して掃除当番を代わってもらったらどう感じるでしょう？

私達は有機的な人間です。お金は無機的な存在です。お金と人間は本来、水と油のような存在なのです。しかしそれとは裏腹にどんどんとお金に触れる時間が増えていっているのです。

さて、生物種としての人間をあらためて見たときに、矛盾するようですが多すぎるお金は適切なコミュニケーションの道具ではありません。繰り返しになりますが、人間の種としての生存戦略の本質は異なる個体の分業と交配による自立分散であり、一方、お金とはエネルギーの偏在を促進してしまう統一基準だからです。資本主義はパンデミック（生物突発死）の危機をはらみます。むしろ人間に合っているのは個々人の信用をもとにしたゆるやかで有機的なネットワーク社会なのだと思われます。

## 今の通貨の位置づけ

五十七頁の図は主要通貨の信用度と汎用度について示した図です。

国家の信用を便宜的に、政府債務／ＧＤＰの比率（＝信用度）、利用者の人数（＝汎用度）によって測定してみます。政府債務／ＧＤＰ比率とは、国の中で生産された一定価値当たりの政府債務です。この値が小さければ小さいほど、信用度が高いといえます。（ただし厳密には政府債務だけが国の負債ではありません。）そうすると、ＵＳＤ（アメリカドル）などは世界通貨になっていますが、円は日本以外では非常に弱いことがわかります。

国家が発行する貨幣の利用者は主に国民であり、国民の増加は出生率に依存します。利用人数が増えると〝貨幣性が上がって〟いくとも言えるでしょう。

〝貨幣性が上がっていく〟という表現に違和感がある人も多いのではないでしょうか。貨幣は、「貨幣であるかないか」という風に分けられるものではなく、程度の問題です。貨幣は「お金だ」と考えるのではなく、「ちょっとお金だ」という「程度」なのです。

## 4　お金の進化

### 信用の外部化における貨幣の質的変化

今まで貨幣として使われてきたものを信用性と汎用性の二つの軸のマトリクスでまと

## 主要通貨の信用度と汎用度

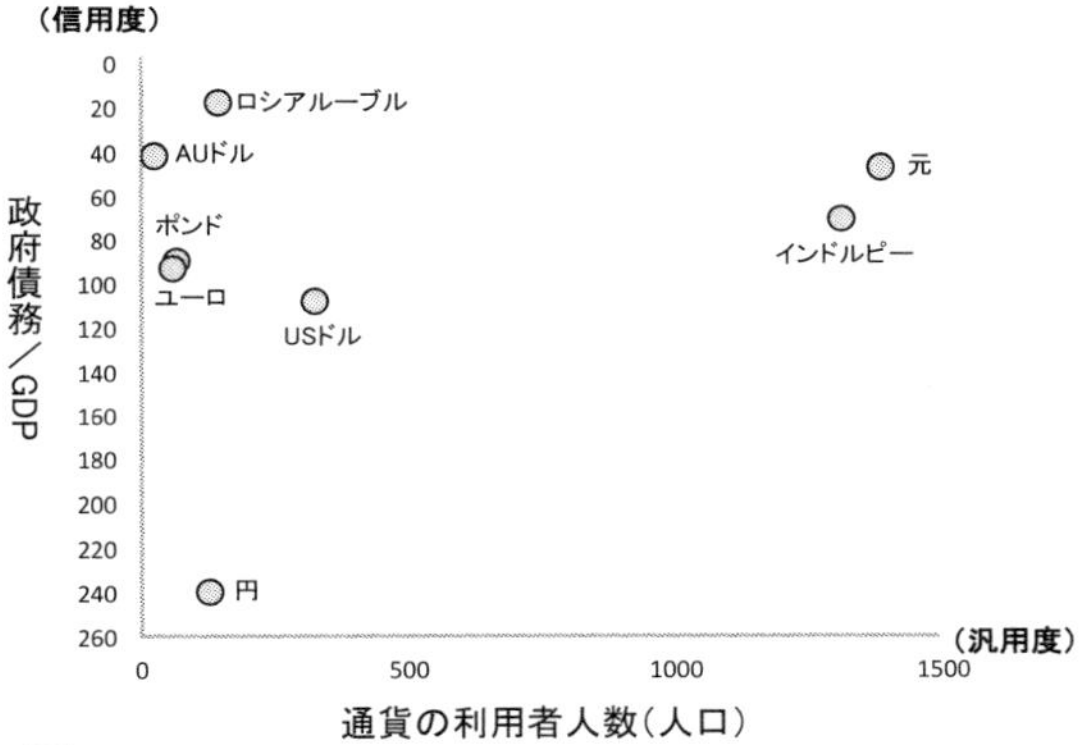


出所：
IMF – World Economic Outlook Databases（2017年4月版）より作成

めてみましょう。縦軸は「信用の外部化の度合い」、つまり貨幣化の度合いを表します。そして横軸が「地域的な拡大の度合い」であり、汎用性の拡大を表します。

まず図（五十九頁参照）の縦軸から説明します。信用がどうやって外部化してきたのかということを示したステップです。

最初は、信用は外部化しない形、つまりみんなによる持ち寄りの時代でした。原始的な共同体においては、生産物は個人ではなく集団の持ち物だったのです。ここでは「贈与」という価値観もないままに消費される段階です。共同体の最小単位である家族内においても価値の交換は行われません。家族全体でシェアされ、それがゆえに構成員は安心と信頼を得るのです。その前提として婚姻制度を中心とした共同体を規定する仕組みがありました。人類二〇万年の歴史の中で、多くが贈与経済を用いた部族間の交換であり、一方が何かを贈与すると、それに対して返礼する。それが延々と繰り返されるとい

信用と汎用の歴史的マトリクス

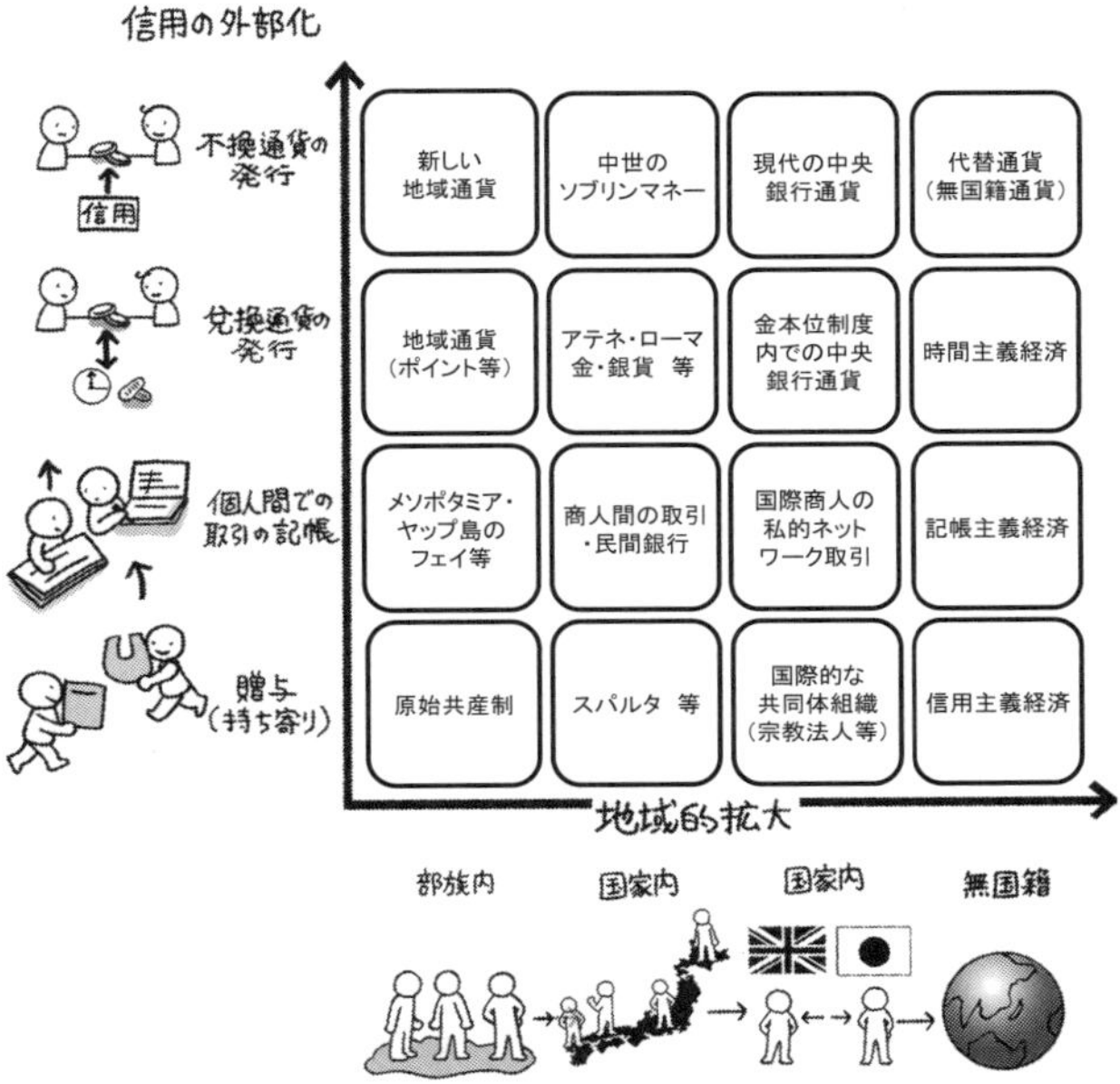

う形でモノやサービス（財という）の交換がなされていました。

次に信用が一部、外部化され、個人間の取引になります。ここでは、会計の仕組みによって個々人が互いの取引を記帳することによって、財（モノやサービス）の交換を行いました。この段階においては、個人間の信用関係を基礎としています。

次の段階として、兌《だ》換《かん》通貨の発行、金《きん》に換えられる通貨の発行です。貴金属などとの交換を前提として、信用を持ち運ぶことができる形態に変化した段階です。

そしてその次の段階は、不換通貨の発行です。信用の前提を貴金属などに置くのではなく、その信用を権威つまり、王権や政府に置くものであり、現代の貨幣はここにあたります。

単なる交換から、貸借になり、そのうちみんなが欲しがる財が通貨となり、それに信用が集中していきます。そこから貴金属等に信用母体が変化し、その後王様がお金を定義するという流れです。

## 信用の範囲の拡大における貨幣の量的変化

次は横軸のお金の適用範囲の拡大、つまり社会的・地域的な拡大の変化を見てみましょう。

こちらは共同体内、国家内、国家間そして無国籍（グローバル）に整理することができます。本来は、共同体を超えた取引は、価値基準に関して合意することは難しいのですが、価値流通においてお金が用いられる場合は、その強制的な拡大が可能です。それは、お金が数字によって表現されているからなのだと思います。

お金はこの二軸で発展してきました。第一章でわかりやすく理解してもらうために簡単にお金の歴史を述べましたが、ここではもう少し詳しく書いてみたいと思います。

最初、原始共産制があり、そして記帳が増える、その記帳がグローバルに展開していき商人の取引が大きくなり、そして現代のロスチャイルドのように五人の息子のうち四人を他国に送り、五カ所で銀行業を発展させたグループが現れ、ネットワーク取引という時代がありました。すでに一四世紀半ばには、トスカーナ、ジェノバ、バルセロナなどの都市国家では、小切手などの借用書による支払いが一般的になりつつありました。現存する最古の小切手は、フィレンツェの貴族階級であるトルナクィンチ家が銀行家のカステリャーニ家に振り出した一三六八年の小切手です。

一六世紀半ばには、ヨーロッパを中心に国際商人の私的なネットワークによって商業取引の国際化が行われてきました。各国において使用範囲が限定され、王権によって管理されるソブリンマネー（sovereign は独立国家、主権者）を超えて新しい商業経済を成長させるために、ヨーロッパの国際商人は階層型の信用体系を創りだしたのです。

国際商人は、四半期ごとに大商会の一団がリヨンの大市に集まって、帳簿を精算するようになりました。大市の最初の二日間は大量の売買が行われ、新しい勘定の記入のため、古い勘定の整理が行われました。二日目の終わりに四半期分の帳簿を締め、商会間の残高を照合し、三日目に、為替銀行業者だけが集まって「コント」を作成する。コントは貿易金融システム全体の軸になっていて国際商人ネットワークと彼らの用いた帳簿精算システムによって大規模な商取引が可能となったのです。

やがて、商業と政治の融和の結果として一七世紀に登場したのが中央銀行制度です。最初の中央銀行は、イングランド銀行であり、ウィリアム・パターソンの発案で一六九四年に設立され、一七〇九年には、イギリス国内での銀行券の発行を事実上独占する権利を与えられました。これによって国際商人のプライベートネットワークとソブリン通貨の融合が実現しました。

現代の経済取引システムは中央銀行を中心とした信用管理のもと行われている基本的には不換通貨です。現代の貨幣は、貨幣価値は流動的なものだということです。一円の価値は日本国内では突然下がったりすることはありませんが、外国の貨幣との交換価格である為替レートは日ごとに変わります。政府と中央銀行の権威と信頼の薄氷の上に漂う不安定な存在となっています。国全体に流通しているお金の大部分は、物理的な実体を持っていないのです。例えば、アメリカの場合は約九〇%、イギリスの場合は九七%、物理的な実体がまったくありません。それにもかかわらず、世界の多くの国がこの貨幣による取引を前提とした資本主義を採用し、すべてがたがいに影響しあう世界が形成されているという不思議な世界になりました。

そして今、新たに現れてきているのが仮想通貨です。

これは質と量の観点で見ると、不換通貨でありながら、無国籍通貨ということです。図（五十九頁）の一番右上の最終段階です。

まだ萌芽《ほうが》段階であるもののビットコイン（Bitcoin）等をはじめとするブロックチェーンを用いたアルゴリズム通貨・代替通貨などの存在感は、政府の信用管理の限界とその結果生まれる好不況のサイクルが徐々に短くなる事態によって年々大きくなっています。

これら無国籍通貨を、一定の期間で膨張と暴落を繰り返す法定通貨のリスクをヘッジする代替通貨としてみなす人々も現れています。

コンピューターのアルゴリズムの強度を信用保全の前提とするこれらの無国籍通貨は、国家の通貨と異なり、その発行に限度なく、その本質においてなんら財としての価値や信用の前提を持たないという点においてこれまでの貨幣とは性質が異なります。これらの通貨の存立の前提はその流動性にあります。際限なく発行されるアルゴリズム通貨はいずれもっとも流動性・流通性の強いものに集約されます。ですが最終的に残りうるいずれの通貨もその信用の前提の欠如および高度な流動性が生み出す投機的動機によって破綻する不安定さを常に抱えています。

それでも人々はこの曖昧な信用を前提とした通貨群をその流通性ゆえにおびえながら

も一般生活の経済活動において採用せざるを得ない状況にあります。

これが貨幣の進化のまとめです。ちょっと難しかったでしょうか。

## 5　お金の持つ四つの要素

「信用の外部化の度合い」と「地理的・社会的広がり」を軸として価値流通手段を整理すると、それぞれの手法について四つの要素とそれぞれの課題が浮かび上がってきます。

四つの課題とは、一．貨幣化（信用の外部化）に伴う信用のコントロールの課題（つまり近年の大規模な金融緩和における課題）、二．社会的基盤・文化的文脈を異にする共同体間における経済的価値の概念の合意形成上の課題、三．貨幣という数字によって取引されることによるそれぞれの財の文脈（歴史や物語）の喪失という課題、四．貨幣化を選択しない場合の合意コストの肥大化という課題です。これも少し難しいですね。簡単にそれぞれ説明していきましょう。

**取引が成立しづらい――適合コスト**

適合のコスト（六十九頁の図左下）とは、お互いの希望や欲望が一致せず、物と物を交換していると取引コストが高いということです。もう少しくだけた言い方をすると「Aさんが手放そうと思っている物はBさんが欲しがっている物である」という第一の一致と、「Bさんが手放そうと思っている物はAさんが欲しがっている物である」という第二の一致が同時に成り立つという状況は極めて難しいという課題です。このコストは、すでに述べたように信用ある貨幣を通して取引したり、ネットワーク上で個人や組織の信用を基盤としたつながりによって解消されてきました。

**貨幣が安定しづらい――信用管理コスト**

信用管理コスト（同図左上）とは、あまりにも信用を外部化すると（お金を刷りすぎると）信用が担保されるのが難しくなるという課題です。リーマンショック以来、バブルが発生し、極端に貨幣の流通量が大きくなり、やがて崩壊するというサイクルが短くなっているということが通貨の安定性に負の影響を与えていることはみなさんも感じていることなのではないでしょうか。

## 価値の合意が困難——コミュニケーションコスト

コミュニケーションコスト（同図右下）とは、お金を数字でやり取りするにあたって、物の価値というものは人によって全く違うため、価値の合意が困難であるということです。

文化によって〝価値〟は異なり、合意が取りづらいのです。もっと身近な例で言うと、ペットボトルの緑茶は私にとっては一〇〇円ですが、砂漠《さばく》の真ん中の国では一〇〇円ではありません。本当は価値が違うにもかかわらず貨幣によって均一化されていくのがこの価値の合意というコストです。

お金の四つの要素と課題

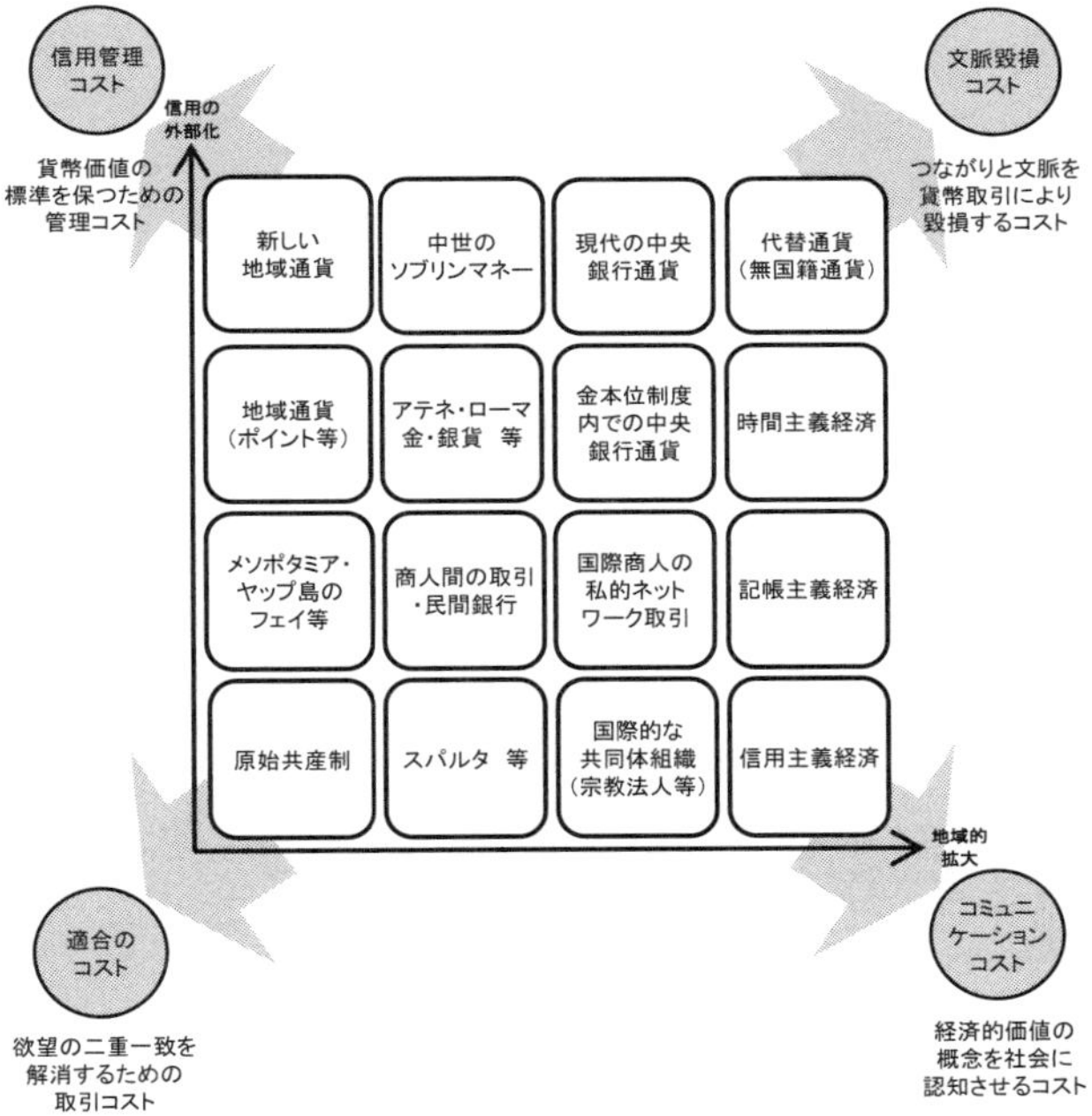


出所：
山口 揚平　時間通貨とネットワーク贈与経済の可能性に関する研究（2015）

『21世紀の貨幣論』（東洋経済新報社）でフェリックス・マーティンが用いている例を引用します。「記念建造物を保存するのは、それに歴史的な価値があるからである。絵画に感嘆するのは、絵に芸術的な価値があるからだ。うそをついたり、ものを盗んだりしないのは、そうすることに道徳的価値があるからだ。禁酒して、一日五回礼拝するのは、宗教的な価値があるからだ。祖母の安物の宝飾品を大切にとっておくのは、情緒的な価値があるからである」。これはどれも用途が限定された価値の概念です。

つまり、それぞれの領土の中では支配者でいられるが、そこから一歩出ると、治世はおよばないのです。馬の背の高さ、海の深さ、網の幅についての古い物理量の概念と同じで、情緒的な価値、芸術的な価値、宗教的な価値は、特定の活動の文脈で考え出された特定の意味を持つ概念です。情緒的な価値の国際標準など聞いたことありませんね。「社会的現実は村ごとにちがうだけでなく、人それぞれにも大なり小なりちがう。だから「蓼食《たで》う虫も好き好き」という言葉があるのだ」と言っています。

## 物語とつながりが切れる――文脈毀損コスト

文脈毀損《きそん》コスト（同図右上）とは、交換において生じる人間同士のつながりと、交換財の引き継ぐ物語（歴史）等の文脈を貨幣取引により毀損するコストです。ここで文脈とは、平たく言うと交換を通してできる人間同士でのつながりと、交換財が引き継ぐ物語または歴史のことです。そして、貨幣の本質的な問題は、実はここにあります。貨幣というのは数字で表します。価値というのは文脈を保全しているのであって、「誰が幾ら」としてしまうと、分断が起こってしまいます。

需要と供給で決まるのが一般的な価値概念です。

文脈があればあるほど、価値のあるものが伝わります。今世紀に必要なのはつながりと物語であり、文脈があればあるほど価値があるのです。徐々に周りの人や財と物語を作っていくことの大切さがわかります。

トマ・ピケティの書籍が流行し「資本主義の問題点は格差である」という考え方が通説となっていますが、私は資本主義の一番の問題は格差ではないと考えます。**貨幣の本質的な問題は、格差ではなく文脈の毀損**ではないかと思うのです。現代において、あらゆるものが最終形態として金融商品化されています。そこでは多くが株価という数字や記号で表現され、単純化されて、比べることができる形にすることで取引が可能になっています。しかしその金融商品の背景には、企業や人々の営みがあり固有の物語があります。それらは、数値で表現し比較できるものではないはずなのです。

本章では、貨幣というものがどういう風に変わってきたか、信用の裏付けを失《な》くしながら、徐々にテクノロジーによって無国籍通貨の発行に向かっていく歴史について話しました。

**〈第二章まとめ〉**

お金を構成するのは、「信用」と「汎用」です。

信用とは、「価値について説明が要らないこと」であり、価値＝（専門性＋確実性＋親和性）／利己心で成立します。信用は価値の積み上げで形成されます。汎用とは、信用の適応範囲であり、広さ×深さで成り立っています。第二章は少々難しかったと思います。

シンプルに言い換えると第二章のメッセージは、信用と汎用を高めていこうということです。具体的には、貢献を通して価値を創造し、ネットワーク（業界）を横断してつながりをつくってゆく、ということです。お金の歴史からその未来を考えるとすべてが記帳されてゆく二一世紀では隠し事はできません。信用は創るのに一〇年、失うのは一〇分です。

二一世紀にやるべきことは、一時的な評価や一攫千金《いっかくせんきん》を得ることではなく、ネットワークを広げ、そのネットの網の中に信用を編みこんでゆくことなのです。

# 第三章

# お金を中心に大きな転換が起こっている——お金の変化

## 1　お金の変遷と四つの変化

第二章ではお金の価値を決めるのは、信用と汎用だという方程式について述べました。ではお金はこれからどうなっていくのでしょうか？

今、お金に変化をもたらす大きな流れが起こっています。それを後ろから突き動かしているのが国家、技術、社会、経済の四つの動きです。この四つの観点から変化をみるフレームワークはＰＥＳＴ（Ｐ：Politics 国家、Ｅ：Economics 経済、Ｓ：Social Value 社会、Ｔ：Technology 技術）と言われよく使われます。

まずは一つずつみていきましょう。

## 2　国家から個人へ——個人がお金を発行する時代へ

まずはお金の変化とともに起こった、国家の変化を見ていきましょう。

お金の信用母体の変化とともに、世界の構造も変化してきました。

世界は三層構造になっている

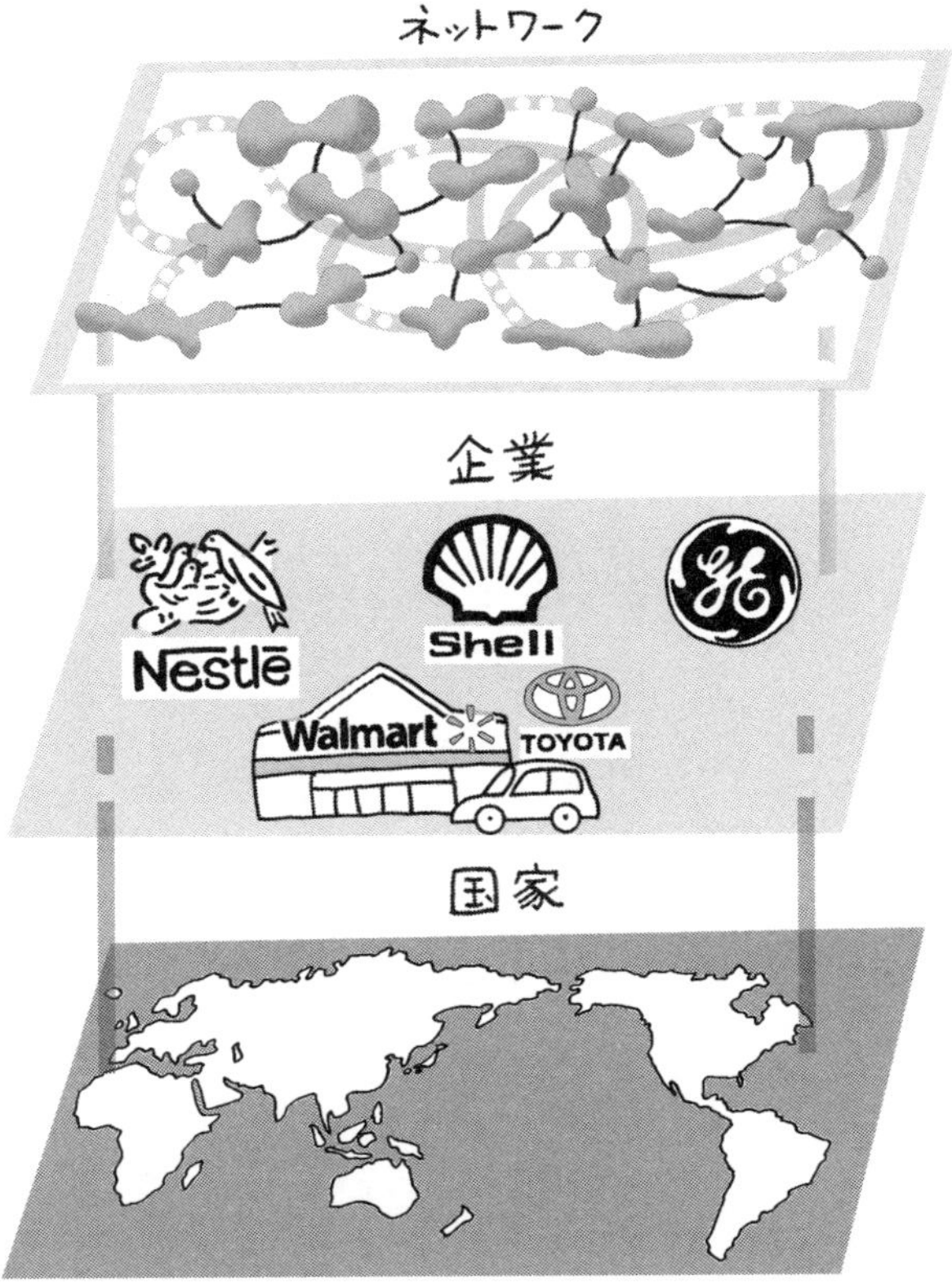

これは、世界は今どんな風に分かれてきているのかということを表した図です。

国家の上に、企業つまりグローバルカンパニーがあり、そしてさらにその上にネットワークがあります。国家の中にこのようなネットワークがあるのではなく、国と同レベルにグローバルカンパニーがあり、同レベルで個人間のネットワークがあるのです。今はこの三層の戦いになっています。

## 国家と企業の力は同程度になっている

これは世界のGDPと企業の収益（Revenue）順位トップ一〇〇を示したものです。

二〇一七年の資料ですが、アメリカや中国などが上位に並んでいる一方で二四位にウォールマート、四七位にトヨタなど、国家よりも経済的に大きな企業ができ始めています。ということは国家だけでなく企業や個人というものも、大きくなっていっていると

## 世界のGDP/Revenue トップ100

| Rank | Country/Company | GDP/Revenue |
|---|---|---|
| 1 | 米国 | 18,624,450 |
| 2 | 中国 | 11,232,108 |
| 3 | 日本 | 4,936,543 |
| 4 | ドイツ | 3,479,232 |
| 5 | イギリス | 2,629,188 |
| 6 | フランス | 2,466,472 |
| 7 | インド | 2,263,792 |
| 8 | イタリア | 1,850,735 |
| 9 | ブラジル | 1,798,622 |
| 10 | カナダ | 1,529,760 |
| 11 | 韓国 | 1,411,042 |
| 12 | ロシア | 1,283,162 |
| 13 | オーストラリア | 1,261,645 |
| 14 | スペイン | 1,232,597 |
| 15 | メキシコ | 1,046,925 |
| 16 | インドネシア | 932,448 |
| 17 | トルコ | 863,390 |
| 18 | オランダ | 777,548 |
| 19 | スイス | 669,038 |
| 20 | サウジアラビア | 646,438 |
| 21 | アルゼンチン | 544,735 |
| 22 | 台湾 | 529,575 |
| 23 | スウェーデン | 511,000 |
| **24** | **ウォルマート** | **482,130** |
| 25 | ポーランド | 469,323 |
| 26 | ベルギー | 466,559 |
| 27 | タイ | 407,109 |
| 28 | ナイジェリア | 405,442 |
| 29 | イラン | 404,447 |
| 30 | オーストリア | 386,587 |
| 31 | ノルウェー | 370,557 |
| 32 | アラブ首長国連邦 | 348,743 |
| 33 | エジプト | 332,349 |
| 34 | 香港 | 320,912 |
| 35 | イスラエル | 317,748 |
| **36** | **中国石油化工** | **310,887** |
| 37 | デンマーク | 306,734 |
| 38 | フィリピン | 304,906 |
| 39 | アイルランド | 304,430 |
| 40 | シンガポール | 296,966 |
| 41 | マレーシア | 296,536 |
| 42 | 南アフリカ | 294,900 |
| 43 | コロンビア | 282,357 |
| 44 | パキスタン | 278,913 |
| **45** | **中国石油** | **262,837** |
| **46** | **ロイヤル・ダッチ・シェル** | **260,835** |
| **47** | **トヨタ** | **252,220** |
| 48 | チリ | 247,025 |
| 49 | フィンランド | 238,601 |
| **50** | **エクソン・モービル** | **236,810** |
| 51 | ベネズエラ | 236,443 |
| 52 | フォルクスワーゲン | 231,588 |
| 53 | バングラデシュ | 228,388 |
| 54 | アップル | 215,639 |
| 55 | BP | 215,586 |
| 56 | バークシャー・ハサウェイ | 209,847 |
| 57 | ポルトガル | 204,649 |
| 58 | ベトナム | 201,309 |
| 59 | チェコ | 195,328 |
| 60 | ペルー | 195,299 |
| 61 | ギリシャ | 194,639 |
| 62 | マクケッソン・コーポレーション | 190,884 |
| 63 | ルーマニア | 187,593 |
| 64 | ユナイテッドヘルスグループ | 184,828 |
| 65 | ニュージーランド | 181,713 |
| 66 | イラク | 171,716 |
| 67 | サムスン電子 | 167,480 |
| 68 | グレンコア | 164,907 |
| 69 | ダイムラー | 162,288 |
| 70 | 中国工商銀行 | 160,833 |
| 71 | アルジェリア | 159,046 |
| 72 | カタール | 155,786 |
| 73 | CVSヘルス | 153,290 |
| 74 | ゼネラル・モーターズ | 152,356 |
| 75 | フォード・モーター | 149,558 |
| 76 | エクソール | 148,057 |
| 77 | アメリソース・バーゲン | 146,850 |
| 78 | AT&T | 146,801 |
| 79 | トタル | 141,188 |
| 80 | 中国建設銀行 | 138,513 |
| 81 | ホンハイ | 136,526 |
| 82 | カザフスタン | 133,668 |
| 83 | 中国建築 | 132,007 |
| 84 | ベライゾン | 131,620 |
| 85 | ホンダ | 129,658 |
| 86 | 中国農業銀行 | 128,551 |
| 87 | アクサ生命 | 127,298 |
| 88 | 日本郵政 | 126,607 |
| 89 | エーオン | 126,187 |
| 90 | ハンガリー | 124,380 |
| 91 | シェブロン | 122,289 |
| 92 | カーディナルヘルス | 121,546 |
| 93 | フィアット・クライスラー | 120,082 |
| 94 | コストコ | 118,719 |
| 95 | 中国銀行 | 117,850 |
| 96 | ゼネラル・エレクトリック | 117,386 |
| 97 | ウォルグリーン | 117,351 |
| 98 | アリアンツ | 116,973 |
| 99 | 連邦住宅抵当公庫 | 112,126 |
| 100 | クウェート | 110,873 |

言えるのではないでしょうか。歌手のテイラー・スイフトは何十億人というフォロワーを持っています。そういう人たちが貨幣を発行できないのかというとそうではありません。日本でもVALUというサービスが少し前に流行《はや》りました。個人が株式会社のようにVAとよばれる擬似株式を発行することができ、売りに出されたVAは自由に売買することができるというサービスです。このように、個人が通貨を発行するのはもはや当然の動きとなりました。

そして、その裏で起こっていることは何かというと、お金の信用母体の変化なのです。

## 信用母体の進化

お金の変遷を信用母体の変遷を中心にまとめてみます。

図を見てください。お金の定義の図です。今のお金は国家によって担保された信用によって流通していますが、信用の裏付けがあるかどうかは怪しい状態です。

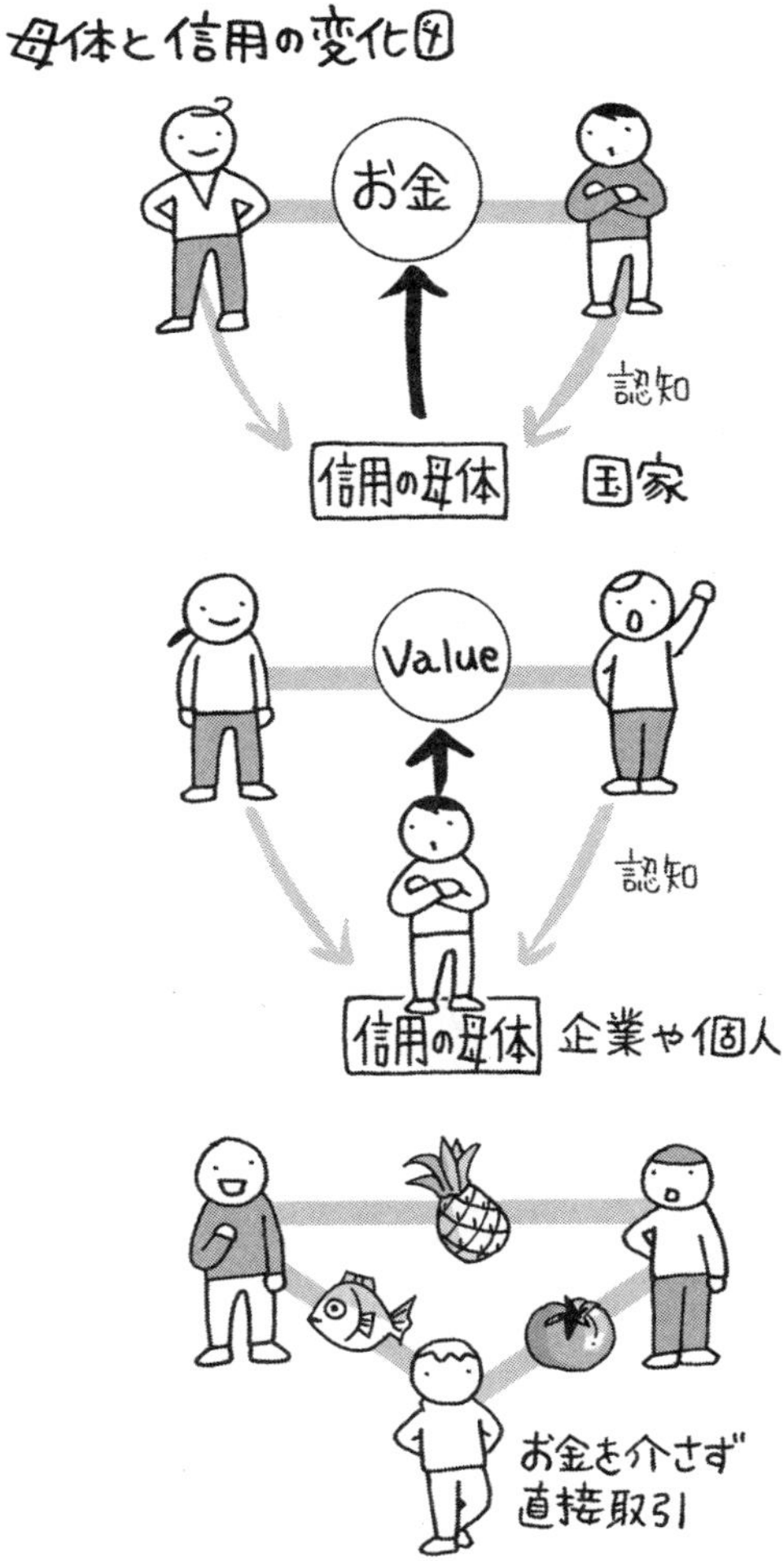
母体と信用の変化④
お金
認知
信用の母体
国家
Value
認知
信用の母体
企業や個人
お金を介さず
直接取引

そしてそろそろ企業や個人が「お金」を発行する時代に差し掛かってきました。一人の個人のフォロワーの数が小さな国の国民の数を超えた時、個人の発行するお金の方が強い汎用性を持つようになるでしょう。そして、最後にはお金を介さず人々が取引をするようになるのです。

これが第一の動き、すなわち国家から個人へ、です。

## 3　空間から時間へ——インターネットと双璧をなす革新技術

続いてお金にまつわる技術の話をしていきましょう。

今話題になっているビットコインとはBが大文字の方は仮想通貨、そして小文字の方はブロックチェーンという技術のことを指しています。

ビットコイン（Bitcoin）の価格が上がるかどうかは、まず第一にその信用と汎用、つまり利用者と利用場所の拡大にかかっていますが、第二に、さきほど述べた国家とネットワークの二つの層の戦いでもあります。そういう意味では国家の発行する法定通貨が弱くなるほどビットコインが強くなるでしょう。

ビットコインのような無国籍通貨というのは、中央銀行と国家にとっては厄介な存在です。なぜなら無国籍の通貨の発行と対応しなくてはならないからです。そうすると秩序が保たれないからです。

## ブロックチェーンの本質は分散台帳にある

ブロックチェーンについては、その本質をしっかり知っておくと良いかもしれません。まずインターネットとブロックチェーンは別ものだということです。

その違いを説明するのは難しいですがトライしてみましょう。例えば、AさんとBさんがいます。Aさんの一〇〇万円がBさんに移る時、どうするでしょうか？

インターネットでは、Aさんの口座からBさんの口座にデジタル上のネットワーク（TCP／IP規格）を通ってデータが流れます。デジタルデータですから当然コピーが発生する。Bさんの口座に一〇〇万円のデータが表示されたと同時にAさんの口座からその金額を消さなければならない。これはわかります。

ではブロックチェーンとは何か？　今度はパラパラ漫画を思い浮かべてください。

ブロックチェーンではデータは「移動」しません。まず一枚目の紙にはAさんの口座に一〇〇万円が書いてあります。Bさんにはなにもなしです。しかし二枚目をめくるとあら不思議、Aさんの口座にはなにもなく、Bさんの口座に一〇〇万円と書いてある。パラパラ漫画やアニメの仕組みとはパラパラとセルをめくるとあたかも動いているように見えます。しかし実際には動いていない。視覚のトリックです。ブロックチェーンも同じです。これはAさん、Bさんの取引を記帳したわけです。そしてその世界中の膨大な取引の記帳を十分ごとに記帳し続ける。その記帳の束（ブロック）が連なっている（チェーン）から、ブロックチェーンなのです。

インターネットが世界をデジタル化して、コミュニケーションを加速させる技術なら、ブロックチェーンは、世界を「上書き」し続ける技術。インターネットと同じインパク

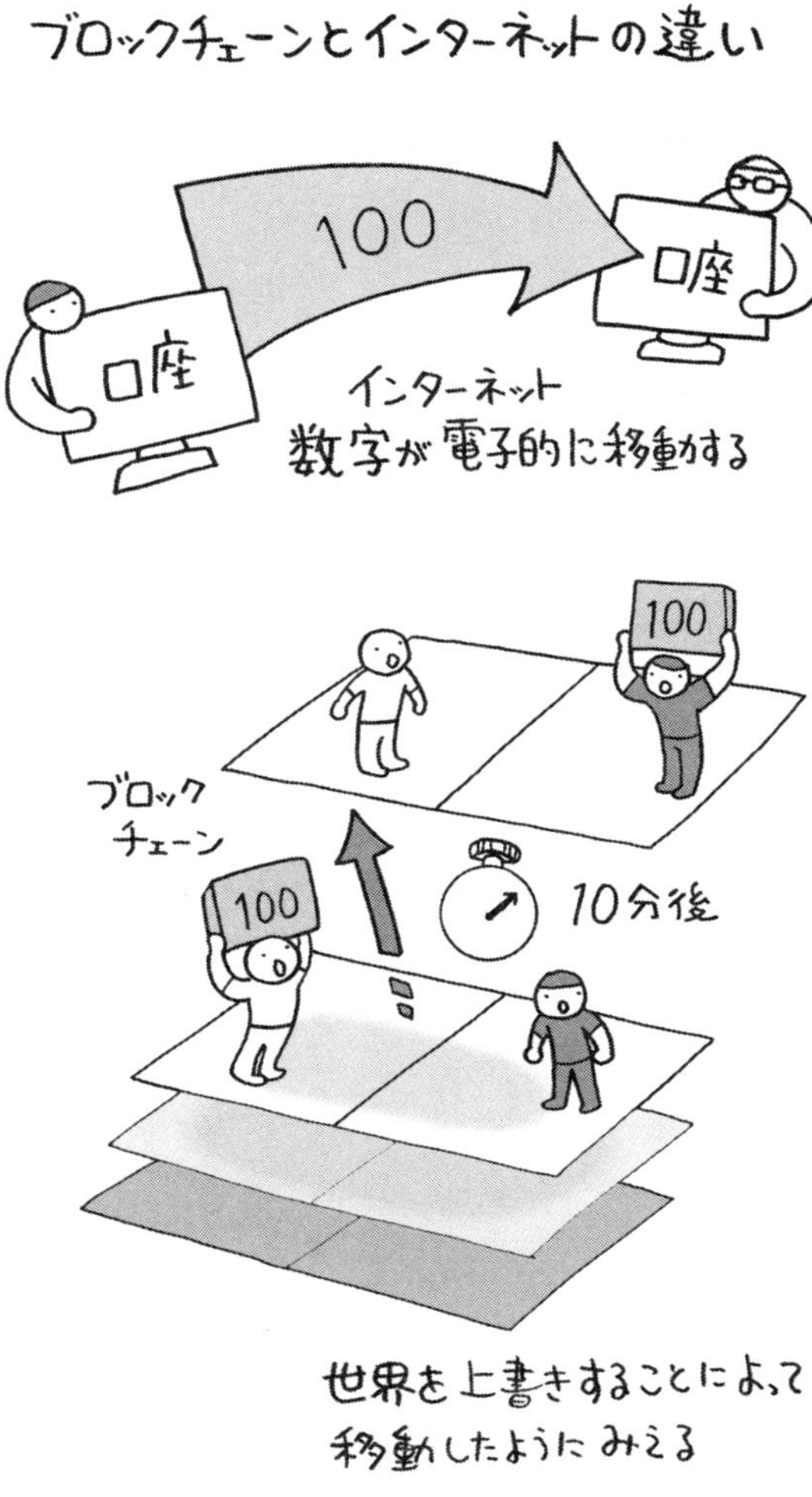
ブロックチェーンとインターネットの違い
100
口座
口座
インターネット
数字が電子的に移動する
100
ブロックチェーン
100
10分後
世界を上書きすることによって
移動したようにみえる

トをブロックチェーンが持つといわれるのは、前者は空間を広げ、後者は時間を刻むからです。いかがでしょう? 少しだけでも仕組みがわかるといいのですが。

二つ目の大きな変化は、インターネットが広げきった空間から、ブロックチェーンが刻む時間へとシフトしていることです。時間はこれからのお金を語る上で重要なテーマとなります。本書では仮想通貨の次に来るのは、時間通貨であると後ほど述べます。

## 4 モノからコトへ——人はもはや物を求めていない

次の大きな変化は、経済です。

人間は、自然に生命の安全や食の欲求が満たされると、社会的承認の欲求を求めるようになります。いわゆる衣食足りて礼節を知る、というものです。今、先進国に住む人の欲求は生存欲求から社会的欲求へと急激にシフトしています。それに呼応して当然経済も変化しています。

## 欲求構造、財の形態は連動して変化する

社会で求められる欲求が変化することで、それを提供する財が変化し、価値流通の手法が変化していきます。財とは経済学の用語で、経済で人々が求める価値あるモノやサービスを表します。今後の流れをこの図（八十九頁）に沿ってみていきましょう。

二〇世紀のビジネスでは、生存欲求を満たすものが多くありました。しかし二一世紀に入ると巨大企業が独占し、インフラ化し、この欲求段階における財はもはやビジネスの中心ではなくなってきました。

最下位の生存欲求が満たされた我々はさらに上段の欲求、すなわち承認欲求へと変化していきます。欲求が変化するとそれを満たす財も変化していきます。実際に、私達の所得は減少傾向にあるにもかかわらず通信費は大きくなっています。二〇〇三年から二〇一四年にかけて家計所得は三二〇万から三〇二万へと減少した一方で、家計に占める

通信費は三・二八％から三・七七％へと逆に上昇しているのです。生活保護世帯でさえ、これらの社会的欲求を満たすための財への支出はエアコンや食費等、生存に近い衣食住などの原始的欲求を削ってでも支出する項目になっています。これは、社会的尊厳を保つための出費です。

社会的欲求を満たすこれからの財とは何なのかということを、今あるビジネスの例を見ながら考えてみましょう。またその財を流通させるための手段はお金からどのように変化していくのでしょう？

まずは、二〇世紀までと二一世紀からのビジネスをざっくりと比較してみましょう。

二〇世紀のビジネスの基軸は標準化・画一化・習慣化の三つでした。業務を標準化して効率を追求し、商品を画一化して世界中に送り込み、そして、顧客が継続して購買す

# 欲求構造と社会システム

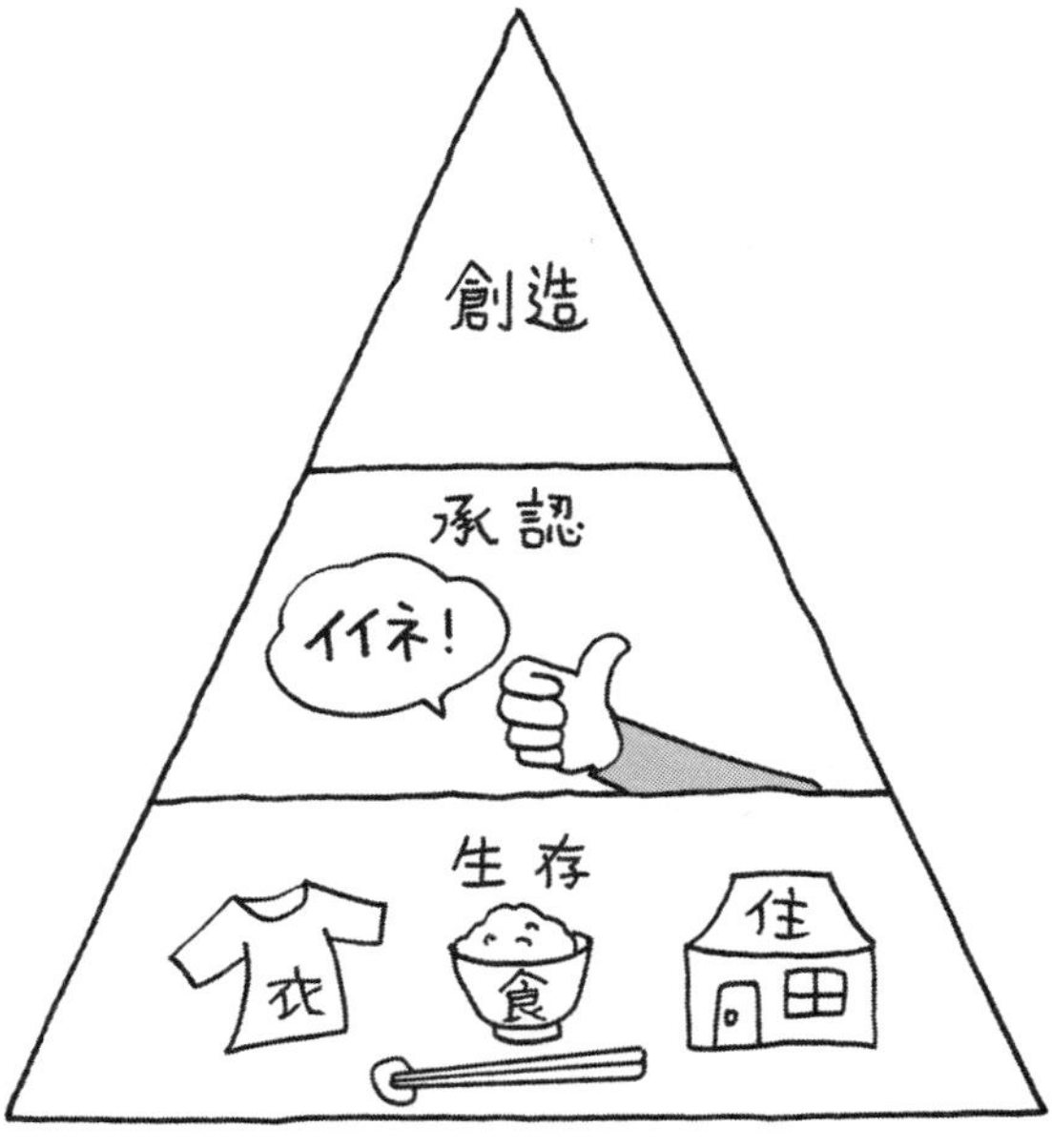

るように習慣化させようとしてきました。

しかし、二一世紀のビジネスは多様化・個別化・肯定化へと向かっていきます。

## 標準化・画一化の行き先

私達の生活をよく見渡すと、衣食住などの基本的な生活インフラは余剰の状態にあり、お金を払って買うものではなくなっています。

現に、国内の住宅の空室率は二〇％を超えていくという予測が有力ですし、乗用車の保有台数は、五〇〇〇万～六〇〇〇万台で一〇年間変化がありません。これはつまり、家も車も余っているということです。二〇世紀は、生命保険と家は二大消費でしたが、今後は違います。余っているものをどのように運用させてもらうかが大切になってきています。

## 20世紀までのビジネス

- 標準化
- 画一化
- 習慣化

▼

## 21世紀のビジネス

- 多様化（ダイバーシファイ）
- 個別化（パーソナライズ）
- 肯定化（セルフ・エスティーム）

衣料品に関しても同様です。

ユニクロ（株式会社ファーストリテイリング）は、売上高一兆八〇〇〇億円、営業利益一七〇〇億円という巨大企業で、もはや単なる「アパレル」とはいえません。ユニクロが「衣」のインフラになりつつあると言っても過言ではありません。

ユニクロは、ファストファッションと揶揄《やゆ》されていますが、一八歳〜二二歳の女性が衣料品にかける費用は一九九九年には一五万円弱でしたが、二〇一四年には半分以下の七万円弱まで低下しており、服にお金をかける時代ではなくなっています。服の「機能」という面に限って言えば「ユニクロでいい」という風に価値観が変化しているということです。若者にお金がないという話ではなく、シンプルなものが流行っているし、服においてアピールをしていくのではなく、肉体を鍛えたり、内面を強化する方向に向かっています。筋肉もファッションの時代なのです。

食についていえば、セブン&アイ・ホールディングスは、掲げる「五つの約束」の中で「社会インフラとして、すべての人が安心して便利にお買物できる社会を実現します」と述べ、まさに「食のインフラ」を目指しています。

同社が提供しているセブンプレミアムは、広範な食の定番商品を揃《そろ》えていますし、最近宅配食や給食など食の〝ラストワンマイル（家庭まで）〟に進出しています。国内コンビニ業界におけるシェアも四割まで上昇し、寡占状態が強まっています。先ほどの「五つの約束」にも、社会インフラとしての自負が謳《うた》われている状況です。現名誉会長である鈴木敏文氏は、「日本では小さな店は成り立たないと言われたが、実際にやってみたら社会インフラになった。インフラというのは、それがあるからインフラなのではなく、無のところからでも環境がどう変わるかという見方をしていけば創り出せる」という風に語っています。

食に関してはこだわったらきりがありませんが、ただ空腹を満たすということに関してはコストがかからない時代になってきていると言えます。

交通手段に関しても、コストは低下しています。

航空業界でも、ピーチ、ジェットスター、エアアジアが日本に一斉参入した平成二四年を機に、国内でもANA／JALの牙城が崩され、価格破壊が進んでいます。移動以外のサービスを削《そ》ぎ落とすことによって、コストダウンを可能にしているのです。今後も世界中での移動コストはますます下がってゆくでしょう。

以上のものをまとめると、あらゆるモノがインフラ化（無償化・低コスト化）する方向にあるということが言えます。

これはすなわち、モノビジネスは終わりを告げているということに他なりません。生存欲求を満たす財（モノ）については、一部の大規模企業がその提供を独占していきます。そして上記の状況に加えデフレ状況下において生活物資が安価に抑えられている状況にあります。実際、政府の金融政策以上に、事業家による効率化とイノベーションの速度は速く、原材料の調達や消費者同士のシェアリングエコノミーを含め、モノの価格は低下を続けて限界費用を限りなくゼロに近づけていくでしょう。そしてメルカリのような二次市場（中古）を活性化させる企業がますます世界からモノの無駄な製造を減らしてゆくでしょう。

続いては、三つ目のビジネス「習慣化」についてみていきましょう。

二〇世紀では栄えてきた脳への刺激を利用した習慣化ビジネスですが、ジャーナリズムや政府やNPOの介入により、減少傾向にあります。

タバコ業界でも、大手P社は将来的な紙巻きタバコからの完全撤退を掲げていますし、大手チェーン店は異物混入により、安全への配慮が求められていますし、米国でも「オバマケア」など公的な機関への保険制度の移行が行われています。

二〇世紀のビジネスは標準化によってプロセスを単純化し、画一化によって商品を匿名化、習慣化することで、顧客の生命すなわち有機物を無機化する行為でした。

これは、もう少し概念的に見ると貨幣と資本という切断機によって、有機物を無機物に変える行為そのものでした。

では、二一世紀の社会的欲求を満たしたビジネスの例をいくつか見ていきましょう。

## 価値概念の変化──需要と供給から文脈価値へ

価値流通の手法が変化すると、価値概念も変化してゆきます。

図(九十九頁)を見てください。

需要と供給で決まる一般的な価値概念は経済のお金の定義ですね。

消費者の需要量と、生産者の供給量で価格が決定するというものなのですが、取り扱われる財やサービスが承認欲求を満たすものへと変化する過程で、この前提は当てはまらなくなっていると思います。なぜなら、承認欲求を満たす際に、消費と生産という境界線は曖昧になっていくからです。例えばホームパーティーの参加者はみんなが消費者でみんなが生産者でしょうか? もちろんわけられません。参加者すべてが場を盛り上げ価値を創り出し、それをみんなでわけあうのです。

文脈価値は、つながりと物語の二つの要素よって成り立っています。空間軸的には送り手から受け手に、時間軸的にいうと過去から未来へと対象物が移動する際に価値が生まれます。つながりとは財に関係する人間間の関係であり、物語とは一定の期間を経ることによって蓄積される価値のことです。すなわち文脈価値とは、時間の連続性と他者との一体性の複合体なのです。

## 二一世紀に人が求めるもの――社会的欲求

それでは次から、二一世紀の新しい産業構造についてです。

二一世紀の消費行動は、「機能消費」と、「つながり・物語消費」に明確に分かれてくると思われます。それを前提とすれば、今後、業界の構造は、「何を売っているか（モノ）？」ではなく「何の欲求に応えるか？（コト）」を中心として区分けするのが重要になってきます。

## 一般的な価値と文脈価値

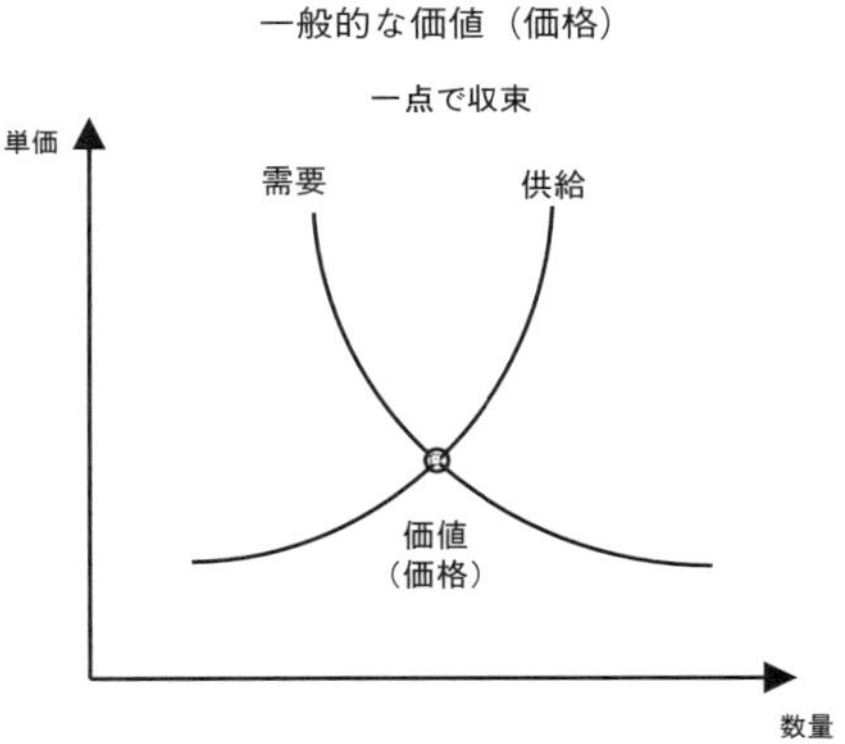


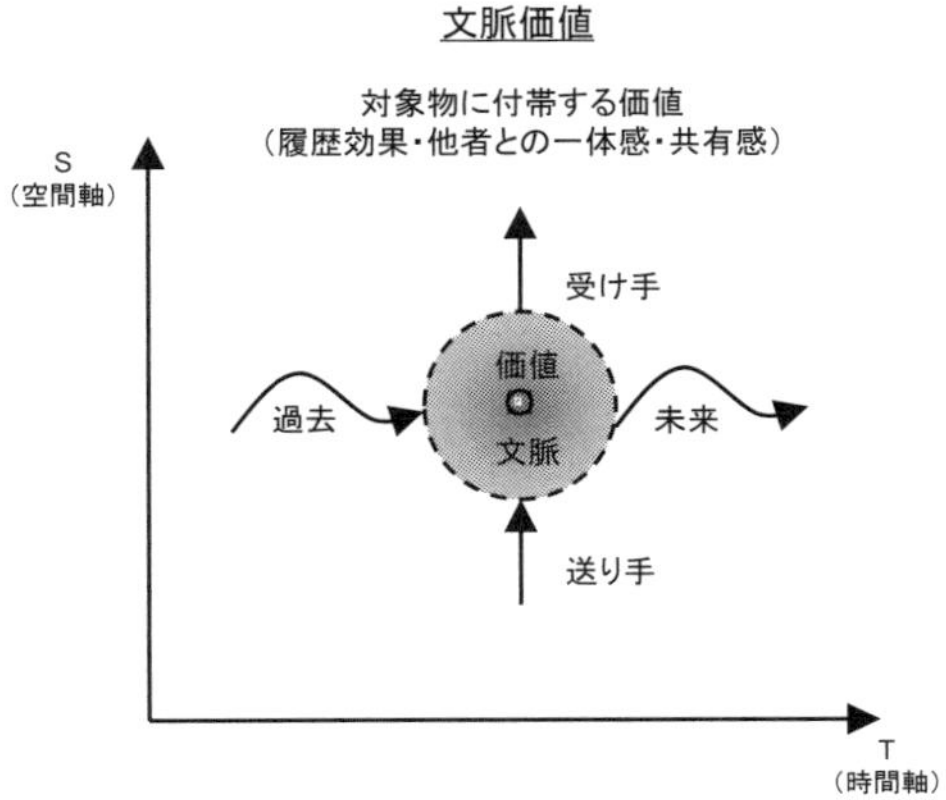


出所：
山口 揚平　時間通貨とネットワーク贈与経済の可能性に関する研究（2015）

さきほどのユニクロやセブン＆アイなどはインフラ化し生存欲求のために機能的に消費されていきます。そして社会的欲求の段階が、二一世紀のビジネスです。ユナイテッドアローズやＳＨＩＰＳなどはユニクロと同じ衣服を提供していますが、機能ではなく社会的欲求つまり憧れや承認、つながりを提供しています。ですから、これらの産業をみてゆくときには何を提供しているのか、という業界軸ではなくどういう欲求に応えているのかを見ていく方が有効だというわけです。

社会的欲求を憧れ、承認、つながりの三つに分類し具体例をあげてみましょう。

### 憧れ――下着ではなく憧れを売る

女性の下着メーカーのヴィクトリアズシークレットは、デザインや機能性ではなく、モデルに芸能人を登用することによって、憧れ《あこが》や自尊欲求をくすぐるビジネスで、売り上げ約八〇億ドルまでに成長しています。下着という商品の特性をよく見切って、デザインや品質のよさよりも、ミランダ・カーなどトップモデルを起用することにフォーカ

新しい産業構造

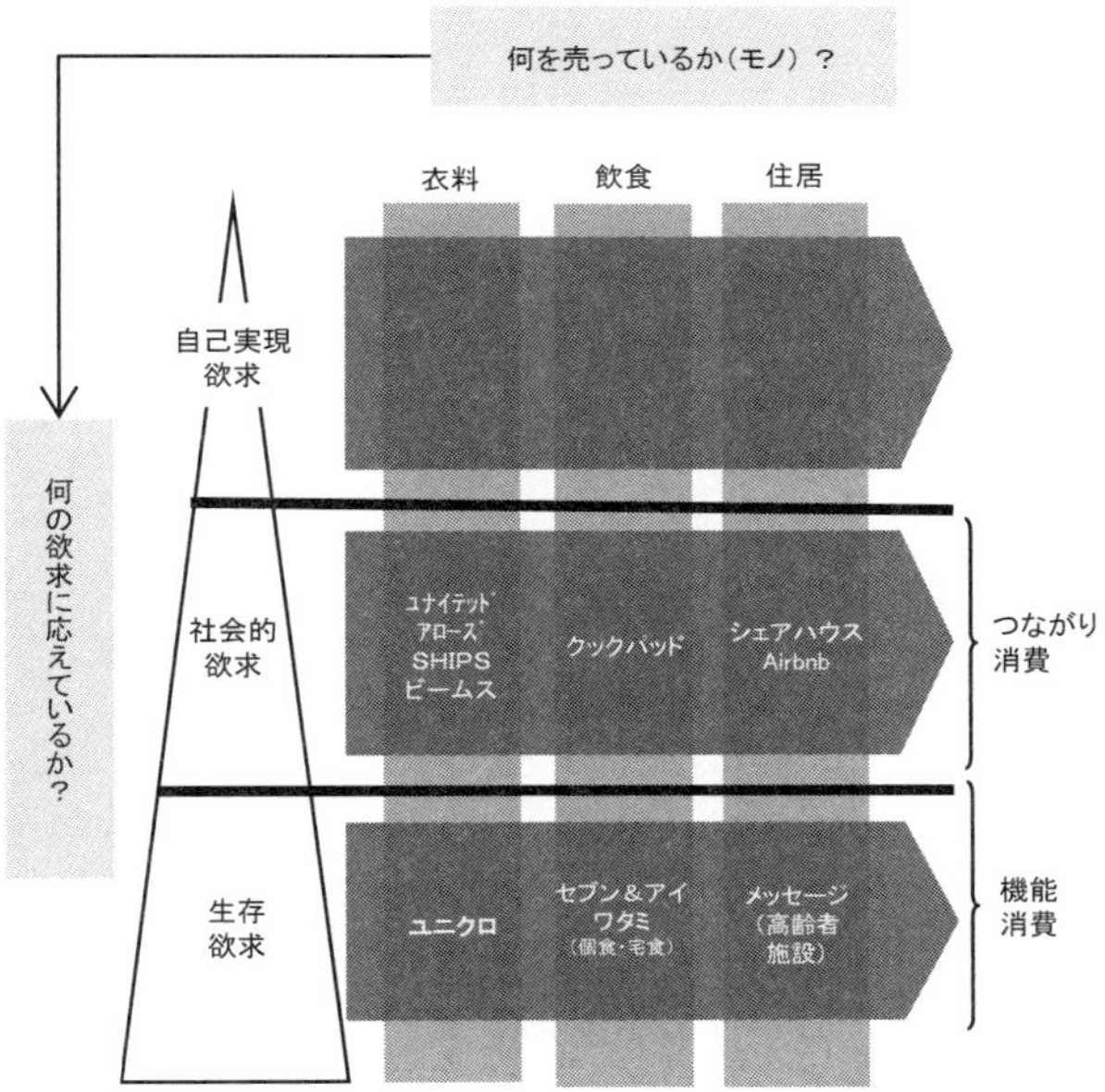

何を売っているか（モノ）？
何の欲求に応えているか？
衣料
飲食
住居
自己実現欲求
社会的欲求
生存欲求
ユナイテッドアローズ
SHIPS
ビームス
クックパッド
シェアハウス
Airbnb
つながり消費
ユニクロ
セブン＆アイ
ワタミ
（個食・宅食）
メッセージ
（高齢者施設）
機能消費

スする戦略をとり、手の届かないくらい美しいモデルたちと同じ下着を自分がつけている、という自己投影の特別な感情を抱かせるブランドとなりました。

女性をターゲットにする場合、憧れの人への自己投影を通して自尊心を満たすビジネスは枚挙に暇《いとま》がありません。

Instagramも同じです。

他人に見せるために消費する、という評価経済の市場をInstagramがネット上に創出しました。

これは、かつてBMWを駆って街へ繰り出したのと同じことであり、Facebookは、「いいね」がつくようなアクティビティ、ライフスタイルを意識させ、Instagramは

「見せる」ために写真を撮る文化を創りました。ナイトプールからウユニ湖、ローストビーフ丼、善光寺、海外の絶景スポットなど一見してフォトジェニックな物を流行らせました。

これからは見栄え重視の消費者がいることに留意しないと、企業は戦略を誤りかねません。例えば、英会話などは昔から出会いの場、習っている自分を見せるという側面が強く、英語を習得するのは実は二の次の目的でした。そういう消費者の本質的な欲求をおさえた会社が勝ち残っていったのです。

二一世紀には、「芸能人」などというくくりはなくなります。メディアに出る「芸能人」よりも、一〇〇万人のフォロワーを持つひとりの普通の個人の方に人は憧れを抱くのです。

生存欲求から承認欲求（肯定を求める気持ち）の変化は、二一世紀を取り巻く様々な環境の変化として現れています。

## 承認——教育の中心は知識ではなく自尊心になる

米国の高校では、Self-esteem（自尊心）を感じさせることが、教育の正に中心的テーマになっています。

過度の肥満など生徒の生活崩壊やドロップアウトが非常に多く、社会的問題となっています。自尊心を満たすようなビジネスがもっと伸長していかなければ、全員が普通科高校に進み、大半がいやいや勉強を強いられるという構図が続き、資本格差はこのまま持続拡大していくでしょう。その中では勝ち組・負け組レベルではないところで自己肯定感を保つことが難しくなっています。そこで、アメリカは早々に自尊心を高める教育にシフトしていっているのです。

## クックパッドはなぜ成功したのか？

クックパッドとは、素人がサイトにレシピを上げ、掲載されたレシピを実際に作ってみたりしてそのレポートを上げ、ユーザー同士でやり取りができるというサービスです。

クックパッドは、ユーザーの承認欲求を満たすことに注力した戦略をとっており、一時期は機能面だけで見るとはるかに優れている「楽天レシピ」の登場によりクックパッドは低迷するかと思われていましたが、現在のところ同社はその地位を保っています。なぜこんなにも盛り上がったかというと、クックパッドは承認欲求を満たすサービスの形になっていたからです。

クックパッドのレシピ投稿者も利用者も、その中心は主婦です。主婦が自分のレシピを載せると、利用者はそれを閲覧して自分の料理を作り、その写真をさらに投稿する。これが「つくれぽ」という仕組みです。それをみたレシピ投稿者は自分のレシピが評価され認められたとして、満足感が高まり、さらにレシピを公開しようというモチベーションが高まります。するとよいレシピが集まり、利用者にとってメリットが高まる仕組みです。

この承認欲求を満たす好循環のシステムを構築したことがクックパッドの成功の鍵《かぎ》となっています。さらにクックパッドは投稿者のレシピが広く公開されるように工夫《くふう》をしています。人気レシピのランキングをあえて非公開にし、有料会員のみランキングを閲覧することが可能です。ランキングに課金することで商業上のメリットもありますが、これはクックパッドの投稿者を大事にするという戦略にも適合しているのです。もしランキングが容易に使われてしまえば、ランキングの高いレシピしか利用者は見なくなります。すると露出するレシピのバラエティは限られ、露出される投稿者も一部に限定されてしまったでしょう。

もう一つ例を挙げましょう。

Pixivという、イラストや漫画を中心にしたSNS（ソーシャル・ネットワーキング・サービス）があります。Pixivは創造欲求を満たすビジネスです。

Pixivでは、自分のイラストを公開したい、評価されたい、という表現欲求がモチベーションになります。ユーザーは、絵単体ではなく文脈で楽しんでいるのです。Pixivは文脈の森、みんなが木を植えて育てており、様々な文脈が膨大に集まった森です。評価やコメントやブックマークやシェアが、水や肥料に当たります。描き手の創造欲求を満たすツールです。

このように、誰かの心が乾いているということをテクノロジーの中で見つけることができます。

そして近年では、ソーシャルな信用評価を事業とする企業も出てきました。

例えば少し前ですが米国の「Klout」は、ソーシャルメディア上における人の影響力を数値化することを本業とし、企業がキャンペーンのターゲット顧客を絞り込むといったニーズに応えました。個人の信用の貨幣化という具体的な数に変化させたのです。今までは、信用力というとクレジットカードの利用履歴だったのですが、そんな時代ではなくなりました。過去にどれだけお金を使って返済したかではなく、その個人がどれだけ社会的影響力があるか、が信用評価に使われています。

この応用例で、ニューヨークでは妥当な講演料を計算するサービスなども始まっています。日本でもタイムバンクやタイムシェアというサービスが立ち上がりつつあります。

つながり

残念ながら日本は友達、同僚、その他宗教・スポーツ・文化グループの人と全く、あるいはめったに付き合わないと答えた比率がOECD諸国の中で一番高いです。日本人はOECDの中で最も孤独な国民であり、所属欲求や承認欲求を満たす財やサービスによってその「孤独」を埋めているのです。

そして、家族の世帯人数は年々減少しており、二〇二〇～三〇年になると、構成人数が二人になるという想定があります。つまりパートナーと二人家族や母親と子供の構成などです。

そうすると、どこに所属していけばいいのかということを悩む人が増えていくでしょう。特に都市部に出てきた人やグローバルの中でどこに心の置き場所を作るのかということが肝心になってきます。

『嫌われる勇気　自己啓発の源流「アドラー」の教え』（岸見《きしみ》一郎《いちろう》、古賀《こが》史健《ふみたけ》、ダイヤモンド社）にあるように、「すべての悩みは人間関係である」のは本当です。しかし逆に言えば「すべての幸福」の源泉もまた人間関係にあるのです。

### 新しいつながりと物語の創り方

近年拡大しているクラウドファンディングは、不特定多数の人がインターネット経由で他の人々や組織に資金提供を行いその見返りにサービスや財を受け取るというサービスです。これは単に、資金調達の一手段ではありません。お金を集めるというのは、信用を外部化するだけでなく、コミュニティを形成するということでもあります。

私は少し前までAirbnbを使って一室を貸していました。小遣い稼ぎではなく、新しいグローバルコミュニティを創る目的で行っていました。

また今は、軽井沢と東京の六本木との二拠点生活をしています。

面白いのは、六本木は完全なる貨幣経済、軽井沢は非貨幣経済だということです。軽井沢ではお金は役に立ちません。野菜は近所で安く手に入ります。もちろん住むまではお金はかかりますが、住んでからはお金がかかりません。六本木では、お金があれば何でも手に入りますが、軽井沢ではつながりがなければ何も手に入らないのです。家を含め、車もベッドもソファもほとんどのものは頂いたか安価でお借りしているものです。Facebookにはみんなと居る写真を載せていますが、基本は一人で過ごしお金は使いません。軽井沢では地域のコミュニティに貢献できなければ孤独な時間を過ごすことになります。

二拠点生活は貨幣経済と非貨幣経済の新しいリテラシーを身につける絶好の機会になっています。

## 二一世紀型ビジネスを考えてみよう

さて、二一世紀型の新しいビジネスはどのようなものが考えられるでしょうか？

これまで述べたことをふまえると、二一世紀型の承認欲求・所属欲求を満たすビジネスは何があるでしょうか？　なかでも、多様化（ダイバーシファイド）、個別化（パーソナライズ）、自己肯定化（セルフ・エスティーム）を満たす方法について考えてみてください。

例えば、ペットロボット、ＡＩボット（映画「her」）などを使って人々の孤独を埋めたり、「ＶＩＣＥ」のような特定の層を狙ったメディア作りや、ＬＧＢＴなどマイノリティをターゲットとしたビジネスを通して、個人の自由な生き方を肯定する、地方創生を成果報酬型ビジネスにしたり、Tinderを通した新しい出会いや自動翻訳サービスを通した新しいスムーズなコミュニケーションを元に新しいコミュニティとそのインフラを創るビジネスなどは考えられないでしょうか。

ハロウィン・コスプレマーケットの拡張、youtuberの台頭、読者モデルなどを通した芸能人の概念の崩壊、創作物がダイレクトに世界中の消費者に届く仕組みなどを通して、表現欲求・自尊欲求をさらに拡大しています。二〇世紀のようにドンペリを購入したり、高級車に乗る形で誇示するのでなく、それらモノを省いて直接、換金できる方法を通して中間財（モノ）を省けないだろうか？　などたくさん考えられると思います。

すべてのキーワードはモノからコトへ。人々が求めているのは生きるための機能ではなく、つながりや物語だということです。

## 5　タテからヨコへ――究極のネットワーク社会の到来

これまで国家、技術、経済の観点から変化を捉えてきました。最後は、社会の仕組みです。ここでのキーワードはタテからヨコです。それまでの国家が発行した貨幣を使う時代は完全なタテ社会でした。匿名のエネルギー（金）を使って現実社会をコントロールできる者が勝者でした。これからはもっと濃いネットワークの中で、それぞれの個人の信用が担保され、やり取りをする世界です。このヨコ社会では、広大なネットワークの海を自らのつながりと信用を使って自由に泳げる者が勝者となります。覇権はシフトし、両者の力関係が逆転するのは二〇二〇年頃だと思われます。

## 社会はタテからヨコへと変化している

これまで作り上げてきた世界・システムを維持・運営する組織・人をマジョリティと言い、そこからあぶれているが、新しい仕組みを創りだそうとする層をマイノリティと言います。両者の価値に差はありませんが、現在、戦後のシステムが出来て七〇年経《た》ち、マジョリティシステムが崩れようとしていることは事実です。なぜなら、その比率が逆転しようとしているからです。

日本のマジョリティ層は正規雇用労働者や従業員一〇〇〇人以上の会社での勤務、専門職、公務員およびその家族であり、マイノリティ層はニート（六〇万人、疾病《しっぺい》ニート、コミュニケーション障害ニート、高学歴ニート等）、若年派遣労働者、LGBT（一五人に一人）、シングルマザー（七〇万人）、独居老人（一〇〇万人）、年収二〇〇万円以下（一〇〇〇万人）の人たちです。その比率は今や、マジョリティ六、マイノリティ四ぐらいにまでなっているのです。

ひと昔前は、八〇～九〇％がマジョリティでした。でも今は、車椅子の人は七％ですし、働いていないニートの比率も中年を中心に急激に高まっていました。高いですよね。LGBTも実際には、五〇種類くらいあります。つまり性的な指向も多様化しています。しかし、一般化したとはいえまだ社会の中で偏見や差別に苦しんでいる人も多くいます。

大きな変化は感じられないかもしれませんが、マイノリティとマジョリティが逆転するというのは、社会構造が変化するという点で重大な変化です。

## 「タテ」のマジョリティ、「ヨコ」のマイノリティ

マジョリティとマイノリティの違いは、構造に現れています。

すでに出来上がったマジョリティのシステムは基本的に「タテ」。それに対し、円心をくりぬかれた周辺部に位置するマイノリティは「ヨコ」でつながるようになります。

マジョリティとは、中心にいてタテのラインが強固であり、マイノリティは周辺にいるのです。真ん中が空洞で、タテのラインを作りようがないのでしかたなくネットワークを作り出します。これが一番大きな違いです。

マジョリティの基本的な発想は、資源を吸い上げて、上からシャワーのように降らすことです。

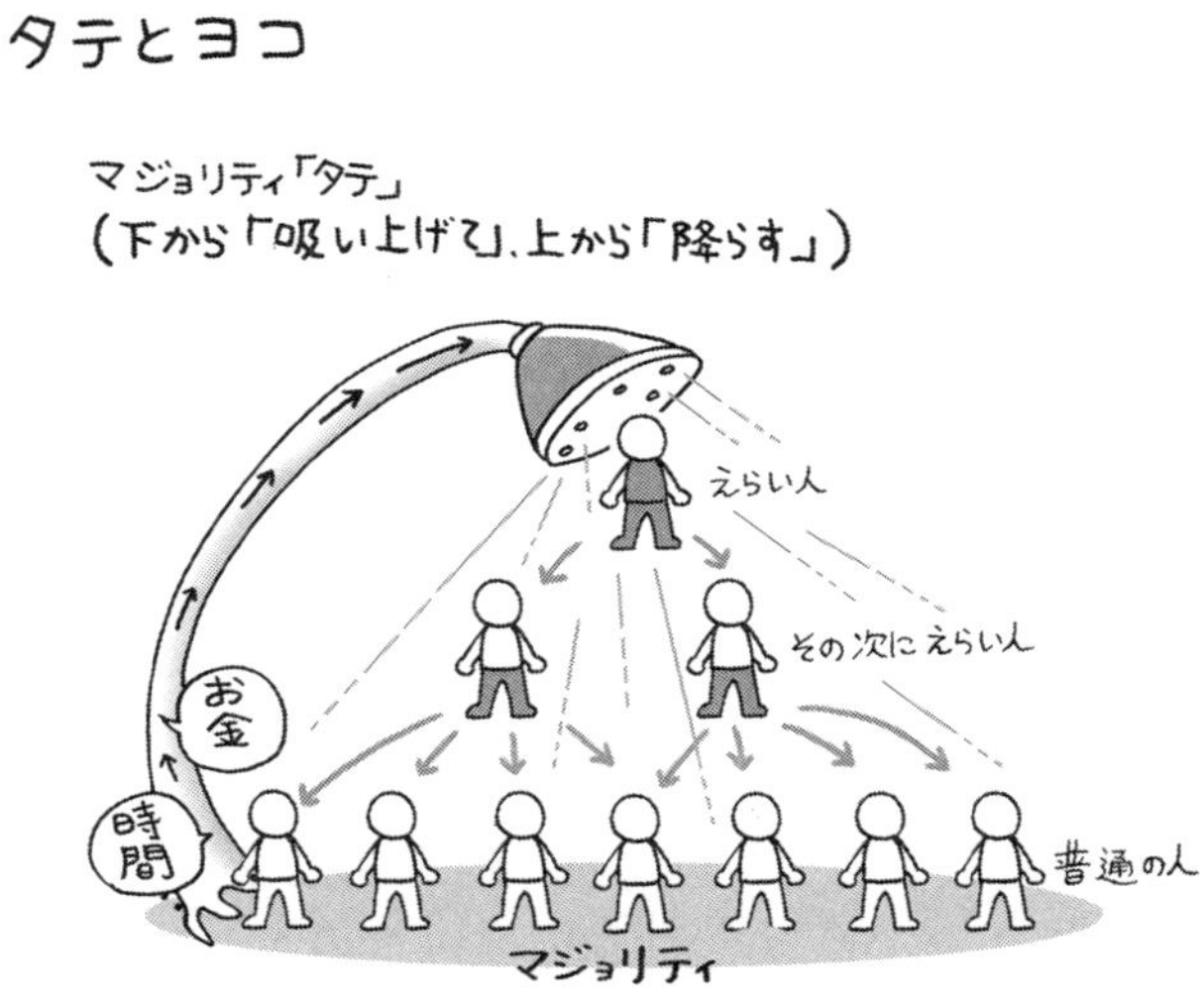
タテとヨコ
マジョリティ「タテ」
(下から「吸い上げて」、上から「降らす」)
えらい人
その次にえらい人
お金
時間
普通の人
マジョリティ

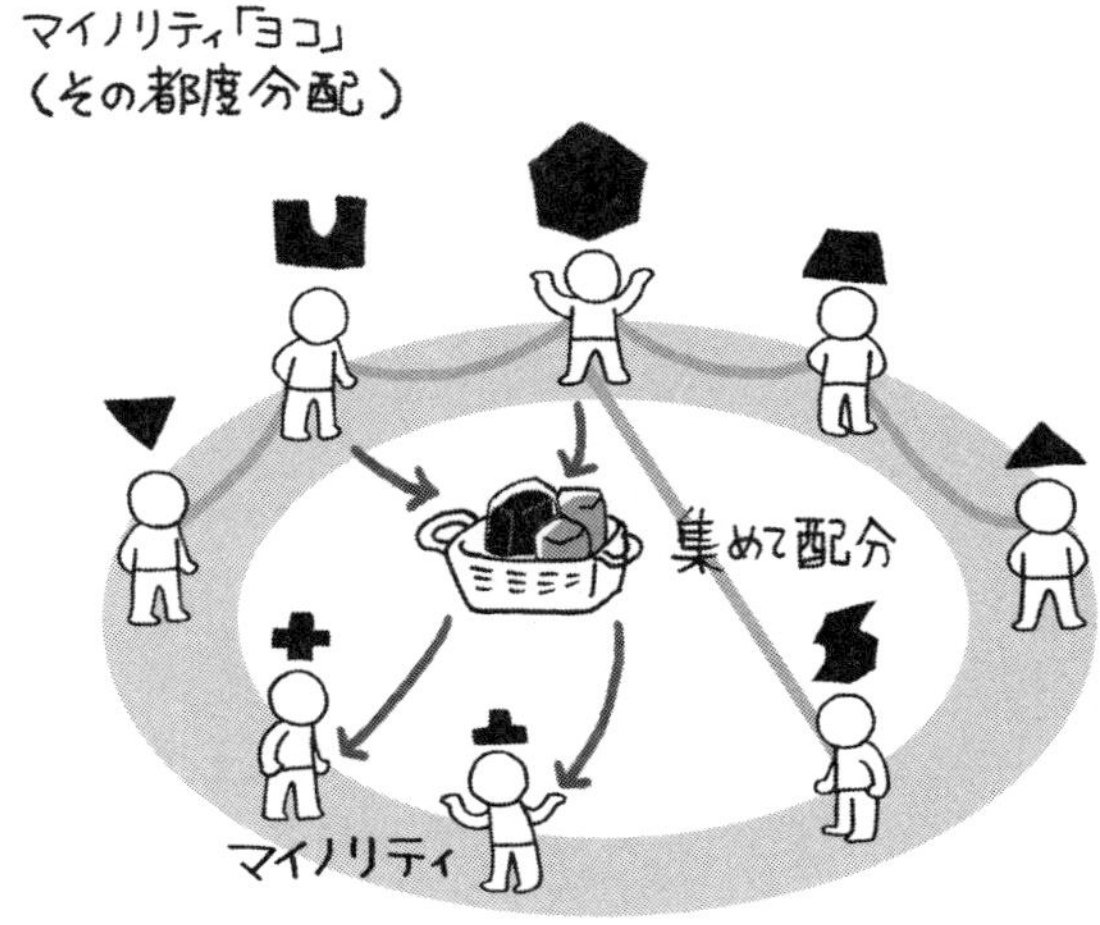
マイノリティ「ヨコ」
(その都度分配)
集めて配分
マイノリティ

これは出来上がったシステムなのであたりまえです。

また、マジョリティが提供するものは、生活（衣〈医〉食住）に必要な「コモディティ（匿名の製品・サービス。例えばお金／票／エネルギー）」です。生活に必要なのはコモディティですから、人々が生存欲求を求めている時はこちらが便利です。そしてタテのマジョリティが資源を集めて集約し一気に分配する時にお金やコモディティが便利です。金融庁↓都銀↓地銀↓信金とお金が流れ、エネルギーは電力会社などが一括で発電し流していきます。

一方、マイノリティは円の中心をくりぬかれており、分散しています。

なので、ヨコでつながることが基本となるのです。ネットの普及はマイノリティのつながりを一層強化しつつあります。マイノリティは、必要に応じて、資源を集約せず対等なつながりの中で融通しあいます。それは、相互扶助の仕組みであり、それぞれの社会的欲求（承認欲求・つながり欲求）を満たすことに適しています。逆に、大量生産が有利に働くコモディティの流通には適しません。

お金は、必要に応じてプロジェクト単位でクラウドファンディングを用いて集めますし、知識や情報もヨコのネットワークで調達します。エネルギーは、電気を大量に「作る」のでなく、個別にためておいて、必要に応じて「配分」（スマートグリッド）し、政治も、みんなの意見を吸い上げて共有します。

### 女が男より稼ぐ時代

資本主義社会とネットワーク社会についてまとめます。

ご覧の通り、「タテ」と「ヨコ」では何もかもが違うのです。

「タテ」だった頃は円錐形だったものが、だんだんと円状に変化していきます。そして、ネットワーク社会ではハブ人材（インフルエンサー）が圧倒的な影響力を持つようになるのです。

今、東京の中心ではお金を稼ぐことに関しては完全に女性のほうが上になっています。男性の稼ぎ方はタテ社会（支配と依存）×ロジックですが、女性はヨコ社会（憧れと共感）×感性です。タテ社会は崩壊しつつあり、ロジックはＡＩに負ける。したがって男子的能力では稼げない時代になっています。

## ヨコ社会の欲求の変化

人々の基本的な欲求構造が生存欲求から承認欲求、創造欲求へとシフトすれば、それに応じて当然社会システムも進化します。いまや生存欲求は脳に刷り込まれた習慣であり、本能ではありません。人は本能的に社会的欲求を求めている段階です。それはヨコ

## 資本主義社会とネットワーク社会まとめ

| 資本主義社会<br>（タテ社会／差の経済） | | ネットワーク社会<br>（ヨコ社会／和の経済） |
|---|---|---|
| カネ（数字） | 言語 | ココロ（個人） |
| 信用（契約・価値提供） | リテラシー | 信頼（無条件） |
| 言語化される | 価値 | 見えない・うつろう |
| <br>「上」にいく程強い | 階層 | <br>「ハブ」が圧倒的に強い |
| オペレーション | 目的 | イノベーション |
| 計量化される比較可能な<br>単位を積み上げてゆく<br>（学歴・資産・歴史等） | 対応 | つながりと信頼をひたすら<br>つくりあげてゆく<br>（多様性の肯定・功徳等） |

社会が主役になるということなのです。

お金（数字）という言語が有効なのは、衣（医）食住を満たす領域においてです。なぜならそれらは必需品であり、一つ一つの製品・サービスに独自性を求められないからです。しかし、承認欲求の段階では、それを満たすためには、常に文脈（つながり・物語）が求められ、それはお金では買えないのです。

幸福の本質は「一体性」にあります。周りの人や自分の期待値との一体性です。幸福とは解釈から生まれます。つまり何があるかではなく、自分がどう思うかだということです。

友達の数で寿命は決まると言われています。

寿命を決めるのはタバコや酒ではないのです。要するに社会参加した方が健康にいいし、職を持っていたりネットワークを持っていた方が健康にいいよ、ということです。

## コミュニティの変遷

ネットワーク社会内でのコミュニティは今までどのように変容していくのでしょうか。図（一二五頁）を見てください。

一九九〇年までの断絶の時代、二〇〇〇年の遍在・オープンな時代を経て、これからは一人の人間が多層的なコミュニティにそれぞれが所属する時代になります。つまり、コミュニティ・ポートフォリオを持つということが必要になってきます。

一九九〇年代までは断絶した国家があったのですが、windows時代の過渡期を経て、二〇〇〇年以降のgoogleの時代は企業によってあらゆるものがつながっていき、情報も人も偏在していました。その後二〇一〇年からは、Facebookがやってきて今度は仲間分けが起こっていき、そこから新しいコミュニティができてきました。そして今ではある程度コミュニティ分けが終了していますので、これからはコミュニティを支える仕組みや規範が必要になってきます。つまり今からは、福祉や教育、通貨などインフラの整備の時代に入っていくのです。

この多層的なコミュニティのある時代で何が必要かというと、業界の中にいることではなく、業界と業界の間にいることで価値がでてきます。

ビジネス業界とそれ以外の業界の間に価値があるのです。

例えばベストセラーになった小説『もしドラ』（『もし高校野球の女子マネージャーがドラッガーの『マネジメント』を読んだら』岩崎夏海　ダイヤモンド社）も、そうです。ドラッカーとアニメ業界にまたがっています。今後、いろいろな業界の間に立っている、すなわち、インターメディエイトな（業界横断な）人が尊ばれ、価値を生みやすくなりま

コミュニティの変遷

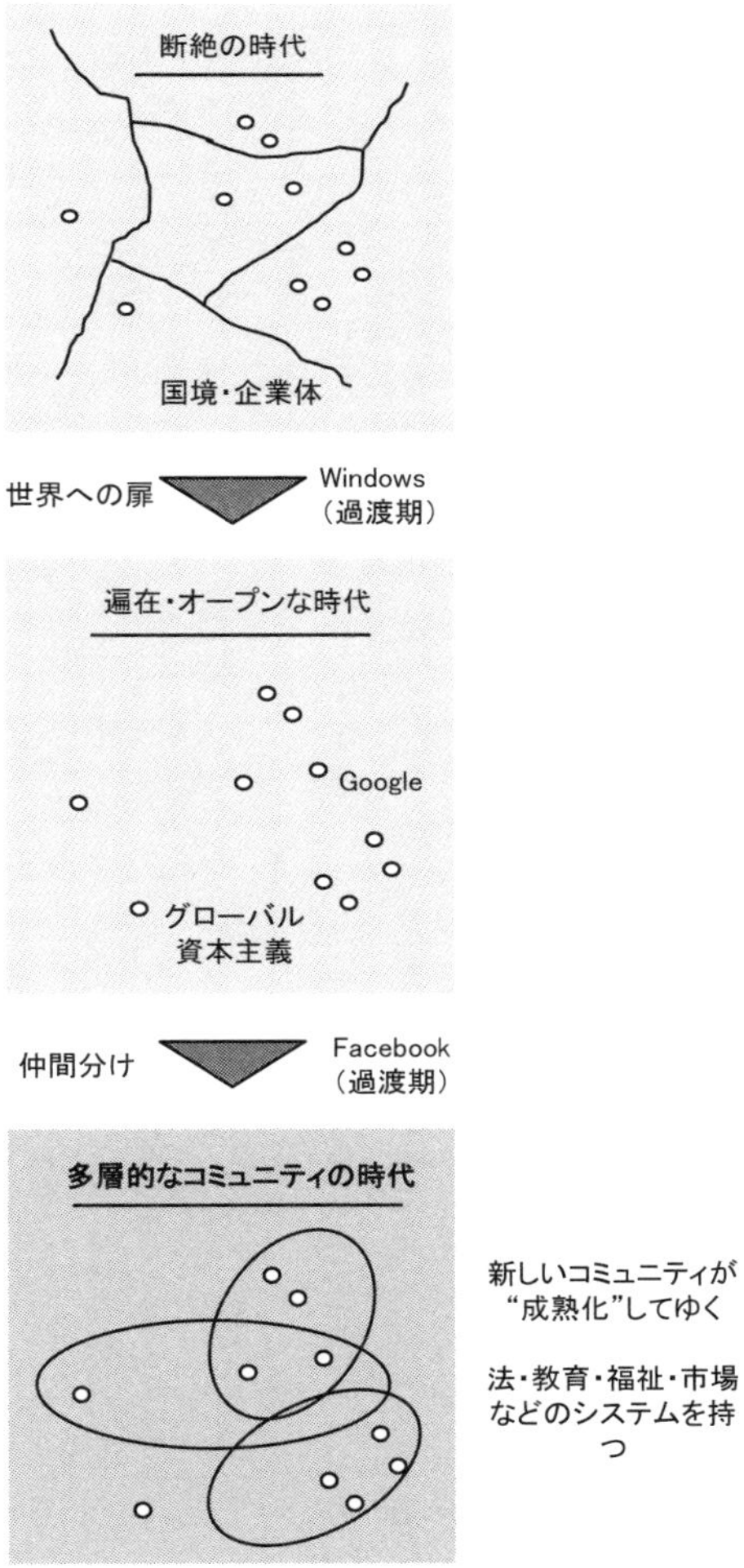
断絶の時代
国境・企業体
世界への扉
Windows
（過渡期）
遍在・オープンな時代
Google
グローバル
資本主義
仲間分け
Facebook
（過渡期）
多層的なコミュニティの時代
新しいコミュニティが
“成熟化”してゆく
法・教育・福祉・市場
などのシステムを持
つ

す。二一世紀の貨幣は、ネットワークと信用の掛け算で決まります。

ネットワーク社会というのは貨幣の原理が通用しなくなるというのが本質です。「お金」などの今までのメディアでは業界間で文脈が伝わらず、信用の蓄積が困難でした。しかし今後は、時間を共有する方向に流れていくため、グローバルの中にネットワークを作っていくことが重要になります。

**〈第三章のまとめ〉**

**この章では、お金に大きな影響を与えている四つの大きな変化について見ていきました。国家に関しては、国力の低下によって信用の母体が国家から個人へと変化し、技術に関しては、ブロックチェーンによって個人の取引と信用が記帳されるようになります。そして経済は、人々の欲求が生存欲求から社会的欲求に変化することで財の形態がモノからコトへと変化していくことについて述べました。社会は、タテ社会からヨコ社会へと変化しつ**

つあります。

必要なのはタテ社会（貨幣・権威）と、ヨコ社会（信用・ネットワーク）を両立させて生きてゆく術《すべ》を身に付けることです。両者を決して融合して生活してはいけません。例えばタテ社会の大企業相手に契約や報酬を怠ってはならないし、ヨコ社会において安易に信用をお金に換えてはならないということです。二つの世界は別モノとして隔離して適応してゆく術を学びましょう。

またクラウドファンディングをはじめ、これだけ信用を自由にお金に換えられるマネタイズツールが浸透し、手軽に使えるようになると、お金を貯《た》めるのでなく、社会的信用を貯める方が有効だと誰でもわかります。なぜなら信用のATMからお金を引き出すことはできても、お金で信用を創ることはできないからです。信用→お金は簡単になりますが、逆はありません。

二一世紀、何が面白いかといえば、それは人々が欲しがるものが、モノではなく承認（社会的信用）に移ってしまい、承認はお金で直接は買えないということであり、そしてこの承認は、すぐにお金に換えられるということです。お金でもちろんモノは買えます。しかし賢い人は、このお金をうまくつかってまた新たな信用を創り出すのです。

# 第四章

# お金がなくなるかもしれない——お金の未来

## 1　お金の進化の行き着く先、三つの方向性

ここまでは過去から現在までのお金の話をしてきました。

ここから先は未来のお金について話しましょう。

左の図を御覧ください。第二章で出てきた縦軸に信用（信用の外部化の度合い）、横軸に汎用（地域の広がり）をとった貨幣の発展の歴史を表した図です。

原始共和制から個人間の取引の記帳を経て、貨幣の発生（金《きん》等）、そして中央銀行の成立、現在では各国中央銀行（国家）の発行する法定通貨と仮想通貨が乱立する状況までの推移を矢印で示しました。

それではこれからのお金はどうなるのでしょうか？

時間軸で表すと一三三頁の図になります。横軸は年号が入っています。縦軸はその時代のお金の形のシェアを表しています。この図を見るとわかるように、短期的には仮想通貨（無国籍通貨）が発展するでしょう。しかし、二〇二〇年から二〇三〇年くらいま

お金の進化について３つの方向性

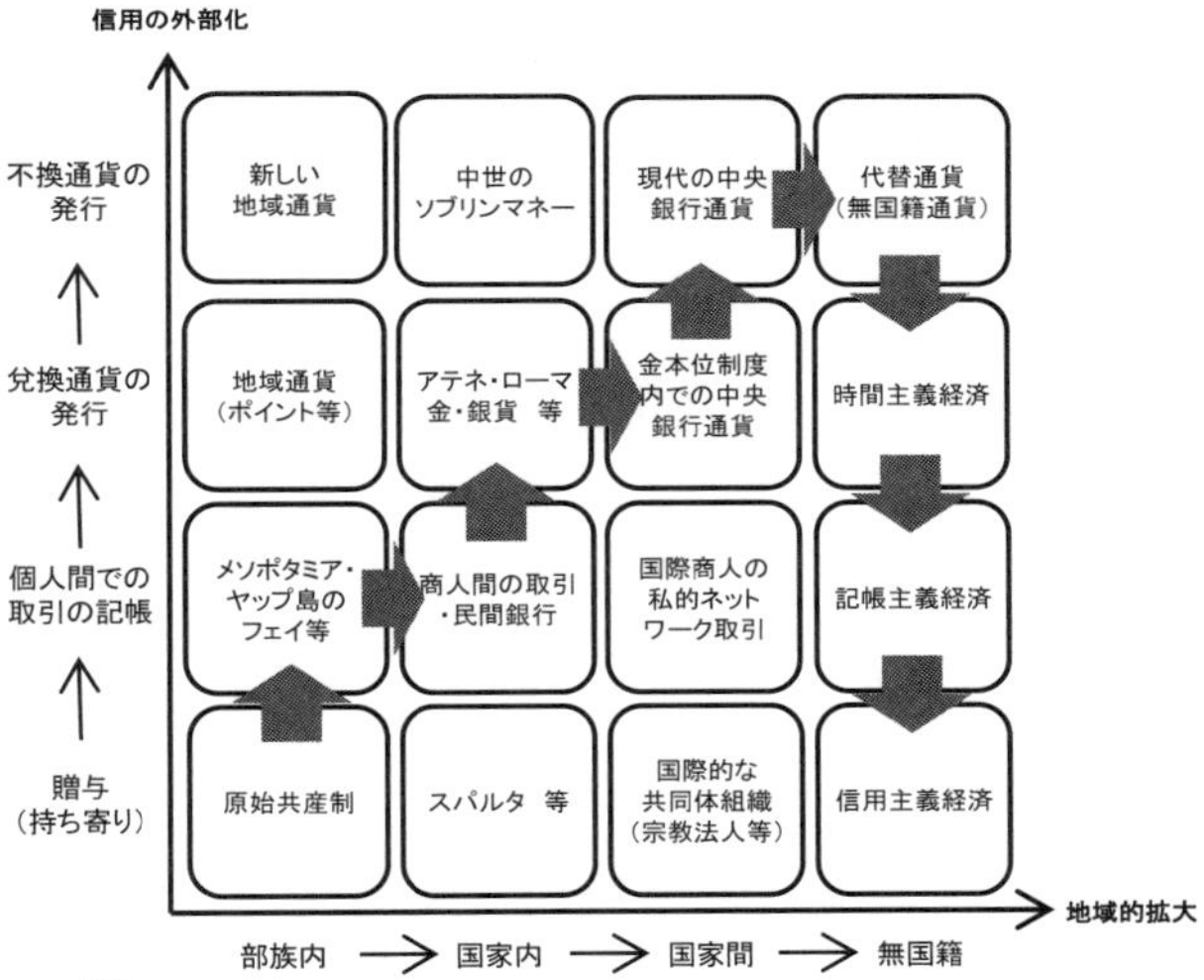


出所：
山口 揚平　時間通貨とネットワーク贈与経済の可能性に関する研究（2015）

でがピークかもしれません。その後は、時間通貨の時代がやってきます。この時代を時間主義経済といいます。そして時を同じくして記帳主義時代というものが来るでしょう。おそらく二一世紀の半ばから後半にかけてはこの時間通貨と記帳経済が中心となると想定されます。そしてやがて信用主義時代という形で中間媒介としてのお金を介さない経済ができてくると思われます。もちろん、途中には特定の地域やコミュニティなどで使える独自の地域通貨も増えてゆきます。ただこちらはメインにはなりません。

メインは、既存の資本主義経済、そして時間主義経済、記帳主義経済、そして最後に信用主義経済への流れです。それぞれ簡単に説明しましょう。

## 仮想通貨（無国籍通貨）の短期的隆盛

今世紀主流になるのはビットコインを中心とした無国籍通貨であるというように思われていますが、私は懐疑的です。各国の中央銀行が今のようにお金を刷り続けていればいずれまたその金融政策は失敗を繰り返すでしょう。その時には代替手段である仮想通

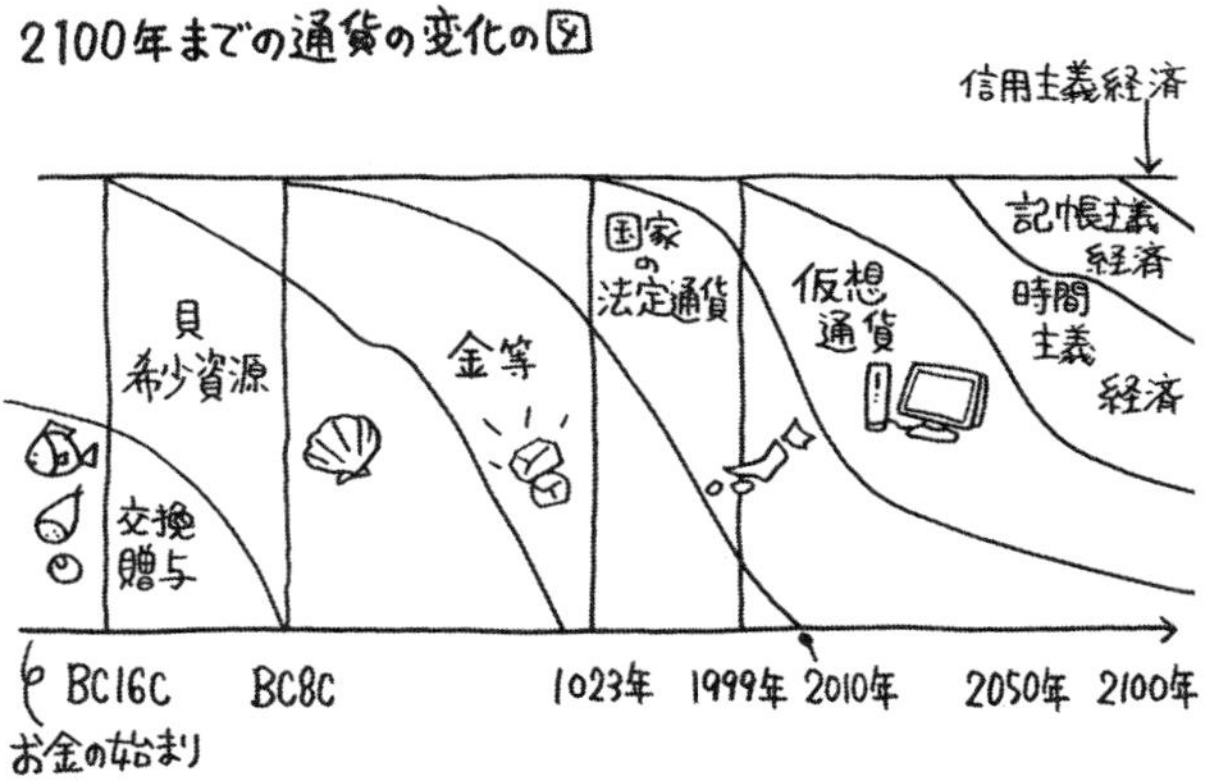
2100年までの通貨の変化の図
信用主義経済
記帳主義経済
時間主義経済
国家の法定通貨
仮想通貨
貝 希少資源
金等
交換 贈与
BC16C
BC8C
1023年
1999年
2010年
2050年
2100年
お金の始まり

貨に注目が集まります。しかしその注目は国家の凋落と信用管理の失敗に呼応した相対的なパワーであり本質的な意味で仮想通貨の信用を前提としたものではありません。なぜなら仮想通貨は、第二章で述べた貨幣の二大要素の一つである信用の担保が難しいからです。これまでの法定通貨を発行していた国家は世界に約一九〇しかありません。GDPや徴税権の下支えもありました。したがって発行できる通貨も限度がありました。一方で無国籍通貨はビットコイン（Bitcoin）以外にもすでに三五〇くらいは存在していると言われます。乱立しやがてそのほとんどすべてが淘汰《とうた》されてゆくでしょう。

お金は数字で表わされ、前述したように数字自体は人の意識を吸着する力がとても強い言語ですから、一時的には、仮想通貨の乱高下する価格という数字に人々の関心が集まりバブルが起こることは容易に想定されます。しかし過去のバブルが常にそうであったようにいつかは破綻します。

## お金の進化の三つの方向

仮想通貨のバブル現象とその崩壊の後、お金は一体どのような変遷をたどるでしょうか？　一三七頁の図をご覧ください。これは未来のお金と経済システムを端的に表したものです。

まずは、左下の(3)の領域を見てください。これは二〇世紀まで中心的だった経済です。すなわちお金を使ってモノをやりとりしていた資本主義時代のことです。今でも馴染み深いです。

そこから今後どうなるのかというと、まずは、上の領域、(2)時間主義経済、右の領域、(4)記帳主義経済へとシフトするでしょう。最後に、右上の(1)信用主義経済へ進みます。

これが本書の要諦《ようてい》です。

**時間主義経済**

時間主義経済とは人々の欲求がモノではなく社会的欲求（コト）にシフトしたときに、人々がお金ではなく時間を中心にして経済活動を行うことです。近い将来は、ほとんどの産業が人間の時間を主要な資源とする産業となり時間が通貨そのものとなって流通してゆく経済になるでしょう。

## 記帳主義経済

記帳主義経済は、モノを対象としながらもそれをお金を使わないで流通させようという試みです。広くいえばベーシックインカムのように生活に必要な最低資金は共同体(国)で配ってしまおう、というものもこちらに含まれます。

しかしメインの考え方は、モノを互いにシェアする中で、お金を使わずあげたもの、もらったものをすべて記帳してしまうことでやり取りを簡単にするということです。これを実現するのがすでに述べたブロックチェーン技術等です。参加者全員が取引のすべてが記帳された台帳を共有しているという状態ですから、Giver(与える人)とTaker(受け取る人)が明らかです。これならお金を使う必要がなくなります。

お金のマトリクス

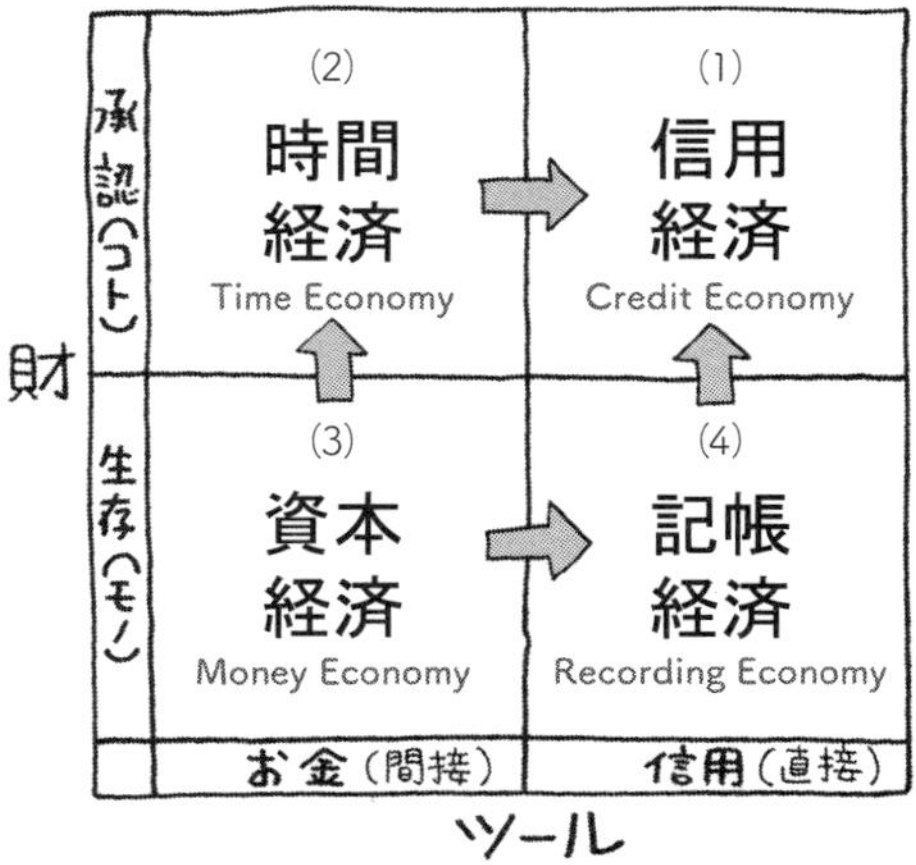
(2)
時間経済
Time Economy
(1)
信用経済
Credit Economy
(3)
資本経済
Money Economy
(4)
記帳経済
Recording Economy
承認(コト)
生存(モノ)
財
お金(間接)
信用(直接)
ツール

コトを時間でやり取りする"時間主義"
コトを信用でやり取りする"信用主義"
モノを時間でやり取りする"資本主義"
モノを信用でやり取りする"記帳主義"

## 信用主義経済

最後の信用主義経済は、人々が求めるものが信用であり、それをやり取りするツールも信用であるという不思議な世界です。これはまだ想像しにくいかもしれません。しかし実際に今世紀の半ばから二一〇〇年までには現実化してゆくでしょう。

信用主義経済の世界ではまず、みんなが求めているのが承認です。そして承認とは信用にほかなりません。一方、お金を使わずにやりとりするツール（手段）も信用となっています。つまり、「みんなが、信用を求めていて、それをしかも信用でやりとりする」という世界です。**手段と目的が信用という一点で統合した世界、それは名実ともにお金がなくなる世界のことです。**

いかがでしょう？　イメージがわきますか？　ここにきてお金は必要なくなるのです。(3)は今まで私達が生きてきた世界の話です。(2)時間主義経済と(4)記帳主義経済は、世界が今大きく変化しているときなのでなんとなく想像がつくと思います。しかし(1)はまだみなさんが経験していない未知の世界ですから想像しにくいのではないでしょうか？

## 2　時間主義経済とは何か？

ここから、仮想通貨の次の時代である、時間通貨の時代、すなわち時間主義経済についてもう少しだけ詳しく見ていきましょう。

### お金で買えないものを時間がカバーする

お金は、水などのコモディティには便利なのですが、一定のモノやサービスにしか使えません。例えば、芸能人の友達に相談するとか、自分が大学で講座を持って学生に講義するなど、それを可能にするのはお金ではなくて、信頼で結ばれた関係性つまりネットワークでしかないのです。では何がお金の代わりをするかというとそれは「時間」なのです。ここにきて時間が通貨として存在し始めます。

人々の欲望が生存から社会的欲求へと変化すると、それをお金によって購入することは難しくなります。それを得るためにはお金でなく、時間が必要です。大富豪が大統領になるには社会的な信用や世間からの承認が必要ですし、裕福な家庭においても、子供を正しく育てるためにはお金よりも時間をかけなければなりません。効用に比例するものは貨幣ではなく、自らの時間だということです。

社会的欲求の充足には人間関係・価値意識の醸成が求められ、それは時間によって生産・蓄積されるのです。お金が時間に変化し始めるのは自然な動きです。

## 個人に帰属する数学は時間しかない

時間通貨を、エネルギーを閉じ込める資源という観点から見てみましょう。

なにかを起こすにはエネルギーが必要であり、エネルギーとは集約された資源のことです。繰り返しになりますがお金の強みは、それが数字で表されるということです。数字というもっとも明確な膜の内側に信用と価値を閉じ込めることができます。

一方、個人（individual）とは本来〝分け（dividual）〟〝がたい（in）〟という意味であり、信用の母体の最小単位となりえます。分かちがたい最小単位というこの膜の内側は、信

資源を集約する方法は二つしかない

タテ社会の言語
「円」

数字
123456789..

「摩擦」がない

ヨコ社会の言語
「縁」

個人
（individual）
できない　分けること

「文脈」「価値」を伝えられる

用と価値を閉じ込めることができる最後の砦《とりで》です。

高度に抽象化され信用の希薄化された現代の中央銀行発行通貨はそのコントロールが限界に来ています。一方で、時間とは国家や社会集団の信用ではなく、個人（individual）の信用に帰属する数字です。そして、この個人が〝発行〟できる外部化された信用こそが「時間」なのです。

時間は、信用の最小単位である個人が発行できる最大の汎用言語である数字であることによって、最高に有効な通貨としての地位を担保できるのです。

これまでのタテ社会の言語はお金（円・ドル）であり、これから到来するヨコ社会の言語は個人です。時間がお金になるというのは、社会の言語が「円」から「縁」へと変容しているという文脈からも明らかです。

通貨としての時間が便利なのはその性質にもあります。

## 二一世紀の財の生産に必要な資源は時間である

社会的欲求を満たすための財の生産に一番重要な資源は、時間です。社会的欲求を満たす財の構築に必要なのは教育であり熟考であり、意見や価値観・文化の異なる人間同士のダイアローグ（対話）とそれによる触発であり、コミュニケーションです。それはお金という資本投下の量に比例せず、人々の使う時間の量とその密度にかかっています。

時間は二つの意味で用いられる主要な生産資源です。

一つは、自身の基礎的な価値基盤の形成と維持のために使います。例えば、自身の健康の増進や知識の吸収・ネットワークと信頼の構築のために使われます。

もう一つは個別の仕事・プロジェクトの遂行のためです。それぞれの仕事・プロジェクトにおいて価値を見出すためには、いかなる場合もある程度の期間が必要です。その目的と条件・状況の理解、企画、内外関係者との信頼関係の構築、コミットメントの醸成、資源の調達、そしてエグゼキューション（実施）にかかる期間が必要です。

したがって、時間通貨は労働単位時間で精算されるものではなく、一定の期間、少なくとも三ヶ月〜三年、場合によっては七年、一五年といった長期間にわたって契約されなくてはなりません。

## 雇用や労働から人々は離れ始め時間をより大切にする

豊かさを最大化するもの、またそれを生み出すものはお金という資本でなく、時間であるということに気づいた時に、私達はどのような行動を取るのでしょうか？

まずは、非生産的な労働の回避です。生存欲求を担保するための財が、インフラ的企業によって独占的かつ安価に供給され、ベーシックインカムが導入される中において、「実は生きるために労働時間を費やすことは、非効率なのではないか」と考え始め、人々は単純労働時間とそれに伴う心身のストレス・コストを削減しようとするでしょう。

これまでの経済は「労働の商品化」を促し、社会規範として勤労、法令として労働の権利というラベル付けを行うことで、仕事（職業）を、社会の内部に取り込み雇用の体制を促してきました。朝から晩まで汗水たらして働くことが尊いという価値観でした。

仕事の形は、より一層、近代がその秩序維持の中で創り上げてきた「雇用」から離れてゆきます。つまり、会社に所属し、非生産的な時間を固定的に販売するのでなく、その提供する価値の対価を多様な契約（コントラクト）形態によって提供し、希少性の高い時間は、心身の回復と人間同士の信頼関係の構築、時間価値の増幅のための学びや投資に充《あ》てられることになるでしょう。

仕事の意味は個人や組織間の互いのコミットメント（期待とそれを満たすための活動）方式へと変わってゆくでしょう。そのようなコミットメント方式による組織との関わりをする人は現在ではＩＣ（インディペンデント・コントラクター）と呼ばれ、米国では二〇三〇年までには四〇％を占めるまでになると言われています。

## 時間通貨はどのように生活に入ってくるのか

時間通貨はどのように生活に入ってくるのでしょうか。おそらく時間通貨が私達の生活に入ってくるのにはいくつかの方法があると思われます。

一つは、個人の時間が単に今の通貨（円やドル、ビットコイン）などに換算され、一秒あたり六〇円などでやり取りされる形です。

**もう一つは、個人の時間を総合的に預かる「時間銀行」なるものが出現し、時間をもとに新しい通貨単位（例えばT：time）に換算してそのTという通貨が使われるようになる、というものです。**Tはいろいろな意味で便利でちょっと複雑です。

例えば、今まで表現しきれなかった価値はTによって換算しやすくなります。アーティストの作品が一万円で売られていても一〇〇万円で売られていても普通の人にはわかりません。しかしアーティストがこれは一万T（つまり一万時間かけて構想・実行された）といえば、「あー、なるほど。それだけの時間をかけたのだね」という風に価値を認知しやすくなります。

もちろん、一人ひとりの時間単価には差があります。そしてそれは受け手にもよります。非常に高名で優秀な弁護士であってもクライアントの理解力がなければ時間は有効に使えません（理解されえません）。その意味で時間通貨Tの価値は使う人、受け取る人によって伸縮します。

時間通貨はアメーバ的な性質を帯びている

**このように時間通貨Tの複雑さはその伸縮性にあります。**

時間通貨は、個人の年齢そして提供する期間（＝かたまり）によって、単位あたりの価値（例えば一秒あたりの価値）が変化するという点で、一般的な通貨とは異なっています。

具体的に見ていきましょう。まず年齢ごとのあなたの時間単価は成熟と成長に応じて変化していきます。働き始めの一八歳や二二歳の時の一時間は、成熟した四〇歳の一時間と価値は全く異なります。時間主義経済の時代では、成長と成熟に限界があることを意識することが重要になってきます。

時間の価値が伸び縮みすることをもう一つの文脈で説明しましょう。

提供する期間がどのくらいかということによって同じ人でも時間単価は変化します。

例えば、世界一有名な投資家のウォーレン・バフェットと元アメリカ大統領のバラク＝オバマ、そして読者であるあなたの時間単価（一秒あたりの価値）を期間別に見てみましょう。最初に一秒だけの時間あたりの単価を考えた場合それぞれどのようになるでしょうか？　一秒だけであれば誰でも「あっ」と言うくらいのことしかできません。そうなると、時間あたりの価値はバフェットでもオバマでもあなたでも変わりません。しかし期間が三〇分あったとすると、どうでしょう？　バフェットは株式投資についての深い知見を持っていますから、三〇分も時間があればひょっとすると数億円の価値のある話が聞けるかもしれません。するとこの場合単価は非常に高くなります。オバマ元大統領は、非常に多くの経験を有していますが、三〇分では法案等を通すことはできませんから時間単価はバフェットより低いかもしれません。あなたは自身の専門性を発揮しても今はこの二人には今はかなわないかもしれません。では三〇年ではどうでしょうか？（まことに遺憾ながら）ウォーレン・バフェットは三〇年後にはあの世に旅立っている可能性があります（笑）。オバマ大統領も影響力は持っているかもしれませんが現役を退

## 時間はかたまりの大きさで単位時間あたりの価値が変わる

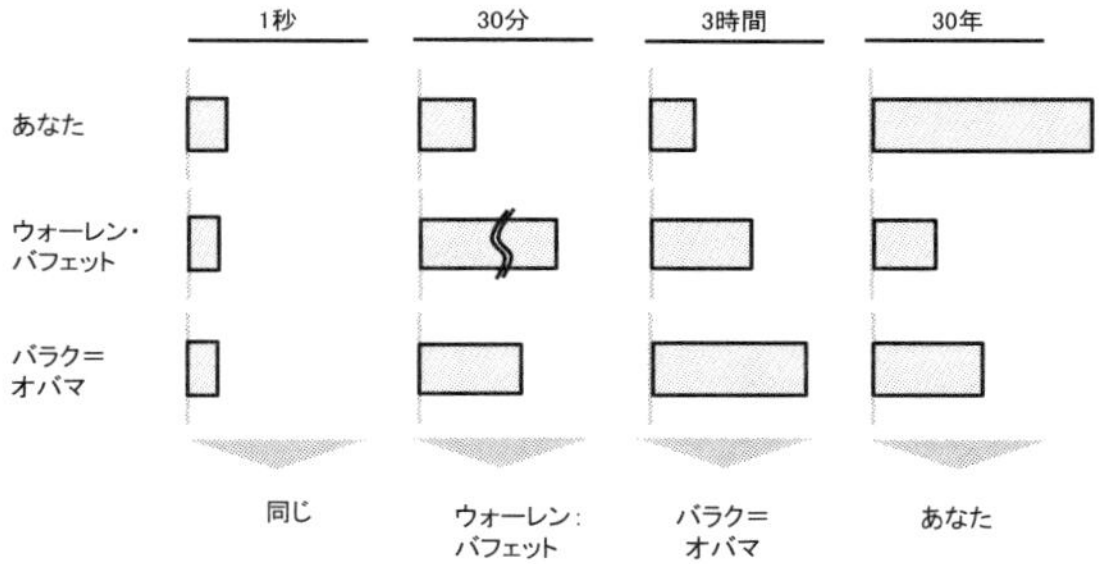


## 時間とはアメーバ的な存在である

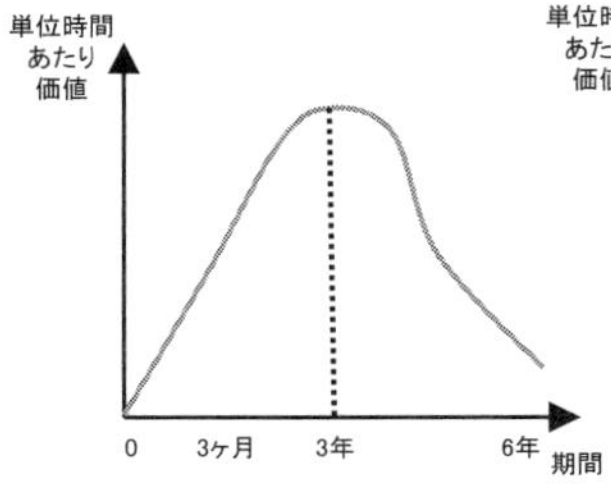


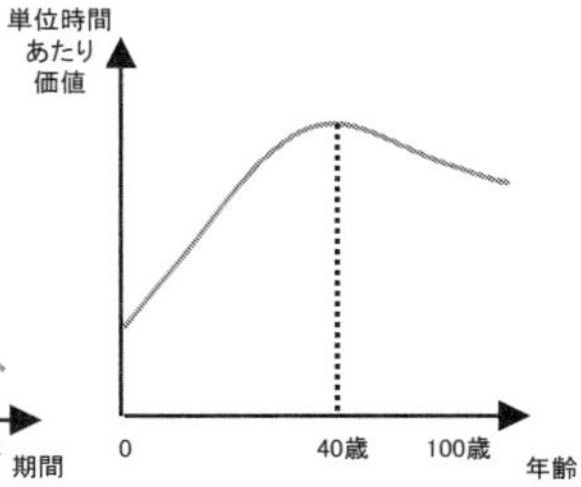

いているでしょう。ところがあなたの三〇年後はわかりません。ひょっとすると三人の中でもっとも時間単価が高い存在になっているかもしれません。

このように、時間単価は自分の提供する期間によって変動します。

さらに、時間通貨ではその単位価値が伸縮します。提供する個人の年齢、提供する期間や提供相手との関係によって価値がアメーバのように複雑に変化します。一〇〇円と一〇〇〇円の価値単価が比例係数の関係にある現在の通貨と時間通貨は全く異なるといっていいでしょう。この点が時間主義経済のもっとも面白く、かつ複雑な点かもしれません。

## すべての人にとって公平な時間通貨

さて時間が持つ公平性も、現代の通貨として時間が適している理由の一つです。貨幣はすでに偏在が激しく、世界の民主化が進む中でこのような富の偏在は不公平を助長し、結果として社会の不安を拡大し、経済の安定性を阻害しています。米国においてCEOの給料が一般社員の一〇〇〇倍であり、金融機関の上級社員のボーナスを含む給料が一般企業の管理職の一〇倍である現状に対して、いまさら言及する必要がないほど、その価値対価と報酬の整合性が取れないのです。

また富の偏在も大きく、貧国克服を目指す国際協力組織オックスファムの報告（二〇一五年一月）によれば、世界の富裕層上位一％の所有する資産は二〇一四年に全世界の四八％に達し、二〇一六年には五〇％を超え、残り九九％の人々の所有資産を上回るものと見ています。富の世代間における格差も大きく、例えば我が国において、金融資産の八〇％以上が、六五歳以上の人々によって占められている状況では、経済の新陳代謝が行われず、結果として国民全体とその未来に対して健全な状態ではありません。

古き良き時代、安定的な通貨の持つ価値貯蔵機能は、現役時代に生産した価値を保全し、引退後にも経済的に困難な状態が起こらない点で有効でした。しかし世界の人口バランスが高齢化し、生産人口比が低下してゆくと、非生産者（多くは資産を持つ高齢者）に経済的権力がシフトしていきます。これは社会の新陳代謝や不均衡を増長させ、社会秩序にマイナスの影響を与えてゆくのです。

これらの状況に対し、時間は公平性を与えます。人の時間は個別差こそ多少あれ、大きな差異がない。それゆえ機会について公平といえるのです。

## 時間通貨はつながりと物語を保全する

最後は、第二章で貨幣の四つの課題の最後に挙げた「文脈の毀損」を防ぐ効果です。すでにみてきたように文脈価値は、貨幣化（数字化）によって損なわれます。貨幣取引によって文脈が断絶した財は、単に機能を価値としてもつ匿名の財となります。そのような既存の財は、既存の産業工程の中にとりこまれ、標準化・細分化されることでさらに価値が減ってゆきました。

一方で、文脈価値は、時間（歴史・つながり）によって生産されます。そしてそれらの財は、通常、信頼のおける個人間（知識・社会的承認など時間をかけて紡いできた人々）の直接的な継承によって保全されます。つまり、時間を起点とした直接取引を行うことによって財のもつ文脈が保全されるのです。

## 3　記帳主義経済とは何か？

時間主義経済と並行して記帳主義経済も浸透してゆきます。

### 生活必需品の費用の逓減が記帳主義経済へと移行させる

経済の変化でも述べましたが、衣（医）食住を中心とした生活必需品の費用は下がり続けます。費用逓減《ていげん》が続いた先にあるのが、モノ同士をお金を介さずに交換してゆく記帳主義経済です。モノが直接やりとりされ、ブロックチェーンなどの技術によってやりとりされた物品がそのまま個人の台帳に記帳されます。そこでお金は使われません。

ヤップ島のフェイの話を思い出してみてください。フェイではお互いにあげたもの、もらったものを記帳していったのです。それが全世界的に広がっているのが記帳主義経済です。ミクロネシアの小さな島から始まった原初的なお金のしくみが世界全体を覆い尽くした姿が記帳主義経済の世界です。

## 全員がバランスシートに記載する分散型台帳型になる

記帳主義経済では一人一人の取引がすべてデジタル台帳に記帳され、それがすべての人に共有されるため、改ざんが不可能になります。騙したり隠したりができなくなり、一人一人の与えたもの貰ったものが明確になるため、価値を生み出し信用を構築していくことが必要になってきます。

近年、アダム・グラントが書いた『GIVE&TAKE「与える人」こそ成功する時代』（三笠書店）はとても面白い現象を示唆しています。グラントは、まず世の中には、「ギバー」「テイカー」「マッチャー」の三種類がいると述べています。

ギバーは、Give & Take の関係を、相手の利益になるようにもっていき、受けとる以上に与えようとするタイプです。他人中心にものごとを考えて、相手がなにを求めているかに注意を払います。相手と価値を交換することではなく、関係性全体の価値を増やすことを目指します。

テイカーは、Give & Take の関係を、自分の有利になるようにもっていき、より多くを受けとろうとするタイプです。自分中心にものごとを考えていて、相手の必要性よりも、自分の利益を優先します。テイカーにとって、世の中は、食うか食われるかの競争社会であり、用心深く、自己防衛的です。

マッチャーは、与えることと、受けとることのバランスを取ろうとするタイプです。公平という観点にもとづいて行動していて、人を助ける時は、見返りを求めることで、自己防衛し、相手の出方に合わせて、助けたり、しっぺ返ししたりします。著者の調査によると、職場では、ほとんどの人がマッチャーのタイプになります。

どのタイプが成功するかということですが、最初の段階ではテイカーが富を得ます、しかし最終的にはギバーが成功するということです。マッチャーの人生はそこそこで終わります。面白いのはテイカーは富を失うか、成功するか両極端にわかれるという点です。しかしこれは過去の話です。これから到来する本格的な記帳主義時代には誰がギバーで誰がテイカーなのか一目瞭然となり、そうなれば他者に価値を提供し続けるギバーが成功に一番近くなるのは当然の帰結でしょう。

## バランスシートにモノが記載され価値が均一ではなくなる

記帳主義時代のもう一つの大きな特徴はお金を使わず記帳し続けるということです。面白いのはその個人台帳（バランスシート＝総勘定元帳）を誰が見るかによって価値の見え方が変化するという点です。バランスシートに金額が記載されている資本主義経済では誰の目から見ても富の多寡は明らかです。ですが、物品が記載されているバランスシートはそれを見た人の価値観や趣味・嗜好《しこう》、今欲しいものによって相手の価値が変化するのです。価値が伸縮する点は時間通貨に似ています。

例えばAさんが「パイナップルを貰い、ヤシの実を与えた」ということが、バランスシートに書いてあるとします。パイナップルが欲しいBさんがこのバランスシートを見たとすると、パイナップルを持つAさんのバランスシートは価値が高いです。しかし、ここをヤシの実が欲しいCさんが見ると何の価値もありません。このように、人への評価が今よりもずっと多様化してゆくのです。（イラスト参照）

記帳主義経済とは
モノ同士を直接やりとりする

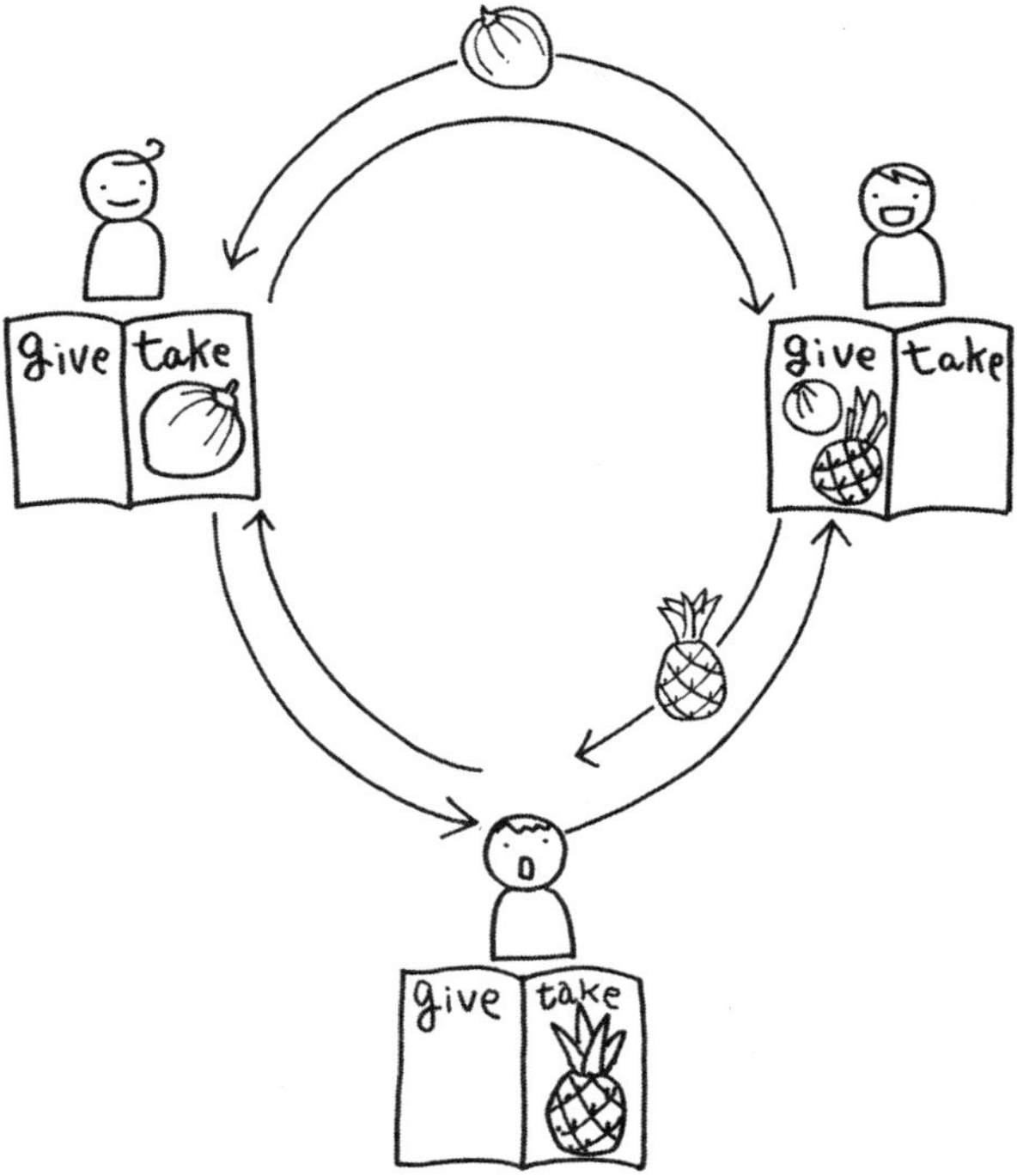

〈第四章のまとめ〉

この章では、資本主義経済からどのように経済が進化していくのかを見ていきました。欲求と仕組みの二軸で見ると、社会的な欲求を時間というお金で満たすのが時間主義経済、衣(医)食住など生存欲求を信用という直接的な方法で満たすのが記帳主義経済です。

二〇世紀まではある意味不思議な世界でした。それは人々が欲しがるものがお金であり、それをやり取りするツールがお金だったということです。就職ランキングの上位が金融であり、お金が世界の王様でした。お金は古代は価値交換・貯蔵の手段であったにもかかわらず、それ自身が目的と化していたのです。しかし、二一世紀の半ばから終わりには今度は求めるものが信用でありそれを求める手段も信用という統一が起こるのです。そこにきてお金もなくなります。

人々が求めているものが承認やつながりへとシフトしてゆき、そしてしかもそれは中間物であるお金などが少ないほど〝純度〟が高くなります。つまりお金という中間物と社会的な欲求はどちらかを増やすとどちらかが減ってしまうトレードオフの関係にあります。

その中で人々は、より社会的欲求への純度を高めてゆくでしょう。その結果としてお金を使わなくなるのです。このカラクリによってお金はなくなってゆくのです。

今の子どもたちはその未来を見据えながら生きてゆかなければなりません。

しかし、今の一〇代から三〇代の人は、完全な信用主義時代の前にやってくる時間主義経済と記帳主義経済の生き方をまずは学ばなければなりません。私達は時空間のある三次元に住んでいますが、空間についてはインターネットが世界を一つにつなげ、またLCC（格安航空会社）の台頭によって物理的にも移動のコストが減りました。民間の宇宙開発も進んでいます。つまり空間については制覇しつつあります。しかし時空間の次元のもう一つの要素である時間についてはまだあまり意識が追いついていない状態です。ですからまずこれからはより自らの時間単価価値を意識して生きてゆく必要があるでしょう。また記帳主義経済の中では、みずからのすべてが記録されてゆくことにも気を配る必要があります。人は人を「外見」「主張」「行動」の三点で評価します。この外見・主張・行動に一貫性を持たせることが普通の人にも求められるでしょう。

## 〈コラム〉時間銀行

僕は、この年で子供もいないし、そうなるとFacebookをみるのが正直辛くなる。嫉妬もする。正直、ここ数ヶ月はブルーな日が続いた。

独りは自由だ。いくつかの事業をやり、本を書き、東大で学び、高校や大学で教え、最高のシーズンのフィンランドで最高のデザインスクールにいる。でもそれは責任がない独り者だからできること。社会的責任がないからだ。モラトリアムにすぎない。誰も何も言わないけどそこにはどこかいつもコンプレックスが残る。

そんな中、ここアールト大学デザインスクールでは、最終のプレゼンテーションに向けて、チームの議論はヒートアップしていた。テーマは二〇四〇年のユートピアの社会システムデザインを作ること。

二〇四〇年のフィクションストーリーを作り、同時に分析やエビデンスも添える。右脳と左脳と同時に使い、国籍多様で、プライドも実績もあるメンバーとコワークしなければならない。正直、しんどい。

僕は、いつも争いを避けてきたけれど、なぜか今日はガチンコのディベートをした。それはどうしても譲れないポイントがあったからだ。

僕が考えた物語はこうだ。少し長いがかいつまむ。

二〇三五年。お金も教育もない若者達は、数も少なく政治でも発言力がない。八方ふさがりだ。一方、老人はお金もあり、たくさんの若者にケアされているが、その心は孤独である。

そんな中、ある勇気ある若者は、小さなビルの看板をみつける。そこには時間銀行と書いてある。そこで、若者は、未来の時間を五年後から五年間差し出す代わりに一億円を得る契約を交わす。同じ頃、孤独な老人もこの小さなビルに入ってゆく。看板には別の名前があり、幸福銀行と書いてある。老人はどうすれば幸せになれるかと相談する。幸福銀行は老人にお金をすべて預けるように諭す。ただそれだけだが、老人はやむなく承知する。

さて、若者はお金を元手に大学に行き、技術を得て新しいヘルスケアシステムを発明し、成功する。まとまったお金が彼にイノベーションをもたらしたのだ。

一方、幸福銀行にすべてのお金を預けた老人は、やむなくケアするスタッフを解雇して、自分で身の回りのことを始める。老人は元気になり、やがて村に出て行き友人を作り、交流をもつことになる。老人はいつしか幸福を手にしたことを知る。若者の発明した製品で老人は健康も維持することができるようになった。

五年後、若者は時間銀行に行き、約束どおり自分のこれから五年間を差し出すと言う。すると時間銀行は、五年間分の時間を君の今持っているお金で買い取ればよいと伝える。時間でお金を買えるとともに、この銀行はお金を時間に換えることもできたのだ。そして幸福なことに、その頃には、若者の発明によって人々は長寿となり、時間の価格は昔よりも安く買えるようになっていたのだった。そこで、若者は持っていたお金で自分が差し出すべき時間を買い取り、残ったお金を時間銀行に預けた。そしてしばらくするとまた新しい若者が時間銀行にやってくる。

こんな感じで物語は終わる。僕はこのフィクションで時間とお金を交換するシステムがうまく作用するという世界観を示した。

しかし、他のメンバーは、このフィクションに賛同しなかった。代わりにもっとリアリティのある案を出してきた。でも僕には、それらはまるでダイナミックでなくつまらなく思えたし、すでに今の社会で出ている政策としてどこかで聞いた話だと思った。でも、まぁ、それでもいいかと思った。所詮《しょせん》、机上のワークショップだ。

でも、彼らのストーリーの中で譲れない点がひとつだけあった。それは既存のシステムから離脱し、若者達がユートピアを別に作ろうとすることだった。僕はそれだけはダメだ、といった。それはヒッピーだ。

まったく新しい第三世界を夢想することだけはだめだ！

絶対に、システムや現実と真正面から向き合い、そのリアリティの葛藤の中でリスクをとり（例えばぼくのストーリーでは一人の若者が未来の時間を差し出さなければならない設定だ）、なんとか試行錯誤しながら新しい世界を創るべきだ。

僕は強く言い切った。まくしたてた。彼らの一人とはもう長く話してきたし、サウナで裸の付き合いもした。僕はだから軋轢《あつれき》を選んだ。僕には珍しいことだ。

それから自分の話をした。僕はM＆Aの業界を離れて、最初の会社を作った。そこでまったく新しい角度から会社を見ようと唱えた。賛同してくれる人も多かった。でも失敗した。それはユートピアを夢見たからだ。それは逃げなのだ。僕は真正面から資本主義システムにガチンコの勝負を挑むべきだったのだ。それを迂回《うかい》して新しいものを作ろうとした。現実をなめていた。結局、僕は会社を売ってケンブリッジに逃げてやがて帰ってきた。そして二年かけて売却した事業を取り戻した。また振り出しにもどって同じように戦いを挑むためにそうした。まわりはうまく売り抜けたのになぜ？　と言った。なぜ？　あたりまえだ。僕にはカネなんかより大事な魂と使命があるからだ。

僕はこれからも資本主義システムに挑み続けるし、英語で世界に資本主義後の世界について論文や本を書かなければならない。でもそこに正面から挑むんだ、と語った。迂回してなんかいられない。空想もヒッピーもだめだと息巻いた。言っていて自分でも驚いた。他人とは自分の写し鏡のことだ。僕は自分に言い聞かせていた。

言い終わった後で、初めてすっきりした。すべてがシンプルになった。もしたった一人になっても「お金のない経済世界。そして人々の創造の可能性を最大化する社会システムをつくる」それが自分のミッションだと思い出した。それで晴れ晴れとした。

帰りのバスで、チームメイトが、今日はひどい日だったね、と声をかけてきてくれた。僕は、いや、今日は最高の日だったよ、と答えた。ヘルシンキは今日は雨が降って気温も零度になりそうだけど、僕は傘もさすことなく意気揚々と背筋を伸ばして帰り道を走った。

# 第五章

# 二一世紀のお金との正しい付き合い方

二一世紀のお金との正しい付き合い方

いよいよ最後の章となりました。本章ではこれまでの話を踏まえて私達がこれからどうやってお金と付き合っていけばよいのか、あるいはもっと大きな目線からどういう指針で生きてゆけばいいのか、についてまとめましょう。

## 1　お金のなくなる日がやってくる？

お金は人間にとって不可欠な発明だった、と第一章で書きました。人間は、「個性」と「社会性」を軸として、分業と交換を通して発展してきました。それが生物としての生き残り戦略だと述べました。

そして人類にとって分業のメディアとしてお金は最大の発明品でした。

第四章では、二〇世紀までのお金でモノを流通させていた時代から、社会的欲求であるコトを満たす方法として時間を通貨として用いる時間経済を取り上げました。そしてお金でなく直接的な信用で価値をやりとりする記帳主義経済もやってきます。最後に信用を使って信用を得る信用主義経済の到来も示唆しました。

ではもう一度、そのような人類の本質に立ちかえって考えてみた場合、本当にお金がなくなることはあるのでしょうか？

「お金のなくなる日」とは、お金を一切使わない、信用を持って信用（価値）を作るという新しい経済システムです。経済とは経世済民の略であり、単にお金を増やすことではありません。ですからお金がなくなることと経済がなくなることは同じことではありません。

「いずれお金はなくなるよ」、と私が人々に言うとビットコインですか？　とよく聞かれるのですがそうではありません。それはお金が電子上に溶けこんだ世界に過ぎません。本当にお金のなくなった世界はお金がないにもかかわらず、価値が生まれそれが循環している経済システムのことなのです。

本章では、まず、お金がなくなった経済、つまり信用主義経済で起こることを、第一章で取り上げた「人間とは何か？」という根源的な問いからあらためて紐解《ひもと》いてみたいと思います。人間について理解した上で、これからの世界でみなさんがどのように「お金」とかかわっていくべきか、一緒に考えてみましょう。

## 2　人間とは何か？　をあらためて問う

信用主義経済における私達は誤解を恐れずに言えば「人間をやめる」必要があります。やめるというのは確かに語弊があります。それは、あなたや私が人間以上の存在になるということです。今、あなたは自分自身を一体何であると考えていますか？　名前のついた個人でしょうか？　それとも人間（人類）でしょうか？　あるいは人間以上のもの（例えば意識）でしょうか？　あなたのアイデンティティ（自分がなにものであるか？）という認識）はそのどこにあるでしょうか？　この風変わりな質問がお金の未来を切り開く最後の問いです。

ＡＩの隆盛やそれがもたらすシンギュラリティの世界で、「人間の知能がＡＩに追い

人間とは情報（記憶、肉体、知識）に吸着した
意識の集合体

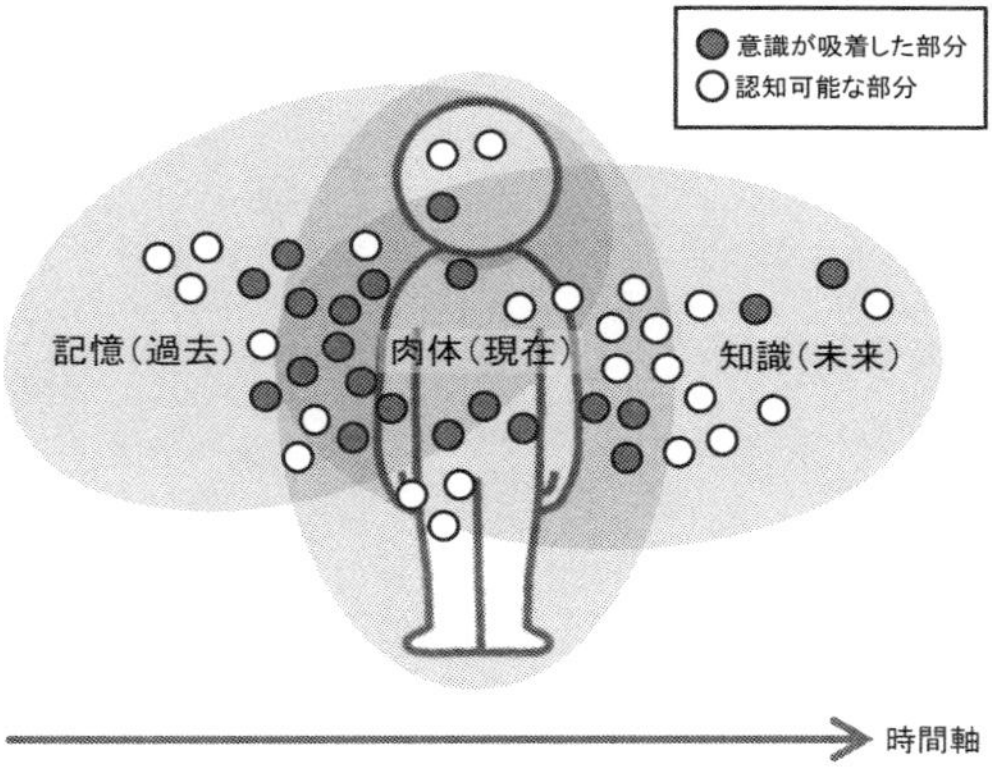

越される未来は近い」という予測がなされ、「そんな中で人間が担うべき役割とは何か」そしてそもそも、「人間とは何なのか」というのが重要なテーマになっています。

私がこの「人間とは何か?」という問いを投げかけられた際にはこう答えます。「人間とは、情報に吸着した意識の集合体」だと。情報とは、「記憶」、「肉体」、それから「知識」の三つです。「記憶」は過去、「肉体」は現在、「知識」は未来にあたります。この三つの情報に対して意識が吸着していった結果、形成されているのが私達、人間(個人)であるというのが私の見解です。これは第一章で述べた生物種としての人間とは違う捉え方です。

記憶・肉体・知識様々な情報の中で自分の意識が特に強く吸着している部分は人それぞれ違います。そこに個性が生まれます。例えば多くの人は、過去の記憶に意識が吸着して囚われていますし、アスリートのように肉体の細かい情報に意識が吸着している場合もあります。かつて武井壮さんがミリ単位で身体をコントロールできると言っていましたが、そのような個性もあります。知識ばかりに意識が向いている場合もあります。あなたはどのような情報にどれくらいの意識を吸着させているでしょうか？　それがあなたという人間の個性を形作っています。個性とはすなわち情報と意識の吸着パターンにすぎないのです。だから私は生まれながらの個性というものを認めません。それは偏見にすぎないとさえ思っています。

　歳をとると、時が経つのがどんどん早くなるといわれていますが当然です。なぜなら普通の人は、記憶（過去）という情報に対して意識が吸着し使われていってしまうからです。一〇歳が一一歳になるのは非常に長く感じますが、四〇歳が四一歳になるのは一瞬です。四〇歳という過去の情報に対して意識がすでに記憶という形で使われているからです。割り算で考えると簡単ですが、$\frac{10}{11}$は約90％で10％の残容量がありますが、$\frac{40}{41}$は約98％で残りの容量は2％しかありません。こうしたわけで歳をとると新しい一年に対して割かれる意識が少ないわけです。このように考えると、ほとんどの人は過去に意識が割かれ、過去のトラウマや習慣に囚われるのはやむを得ません。

人間（個体）とは「意識が吸着した情報の集合体」、まずはこの点をおさえて、その上で、お金がなくなる、ということの意味を考えてみます。それは、個体がなくなる、ということです。そして意識が何ものにも吸着しなくなっている状態、つまり純粋な意識体に私達のアイデンティティが移っているということです。その世界では分割した個人は存在しません。純粋な意識体である私達はなにもかも誰のものでもなく分かち合い、創造しあっています。その世界では個人を分割するお金というメディアはいらなくなるのです。もちろん互いをあらためて承認し合うような手間も必要ありません。なぜなら一体だからです。お金は人々の様々な摩擦を解消してきました。しかし最後の摩擦はお金そのものなのです。だから私達は最後にお金そのものを駆逐《くちく》してゆくでしょう。

そんなことが可能でしょうか？　十分に可能です。例えば家族の中ではお金でやり取りはしません。それは共同体という意識を共有した集団が家族だからです。そこには自他の差がありません。家族の交流はときには個体としては面倒な部分もありますが、元来、心地よいものです。お金を使わない世界は心地よいということはみんなが体験的に知っていることです。その事実は、私達は個体でなく、純粋な意識体として存在することが十分にできると直観的にわかっていることを示しているのではないでしょうか？　お金がなくなる日、それは私達が一つになりきる世界のことなのです。

その世界には取引も契約も記帳も信用も承認も貧富も僻《ひが》みもない。その世界が一番面倒がないのではないでしょうか？　さて、みなさんはお金のない世界、想像できるでしょうか？　お金こそが人間というものを頑強に規定しており、しかしながら私達はある意味で人間以上の意識的存在でありうるということを認めたならば、お金はきっと世界から消えてゆくでしょう。しかしこの話はここまでにしておきます。（お金のなくなる日、それは私の夢でもあります）

## 3　私達はお金とどう付き合っていけばいいのだろうか

さて本書はこれまでお金について体系的に語ってきました。みなさんはもうお気づきかもしれませんが、今後はお金単体を稼ごうとするのではなく、その裏にある本質、つまるところ信用に着目し、時間主義経済、記帳主義経済、信用主義経済など様々な形で変化する経済社会を生き抜いてゆく必要があります。

ここからは、「お金」の周辺で通貨になりうる存在、時間や、信用、知識、ネットワークなどについて整理し、本書の最後にお金について身に付けたい習慣をご紹介します。

### 二一世紀の方程式は「信用」を基軸に形成される

まずは二一世紀の生き方の方程式について説明します。図をご覧ください。

「信用」を中心に構成される二一世紀の生き方の方程式は、健康を前提とした時間資源を、ネットワーク・知識・信用の形成へと振り分け、「コト（つながり・物語）」を中心

21世紀の方程式は「信用」を基軸に形成される

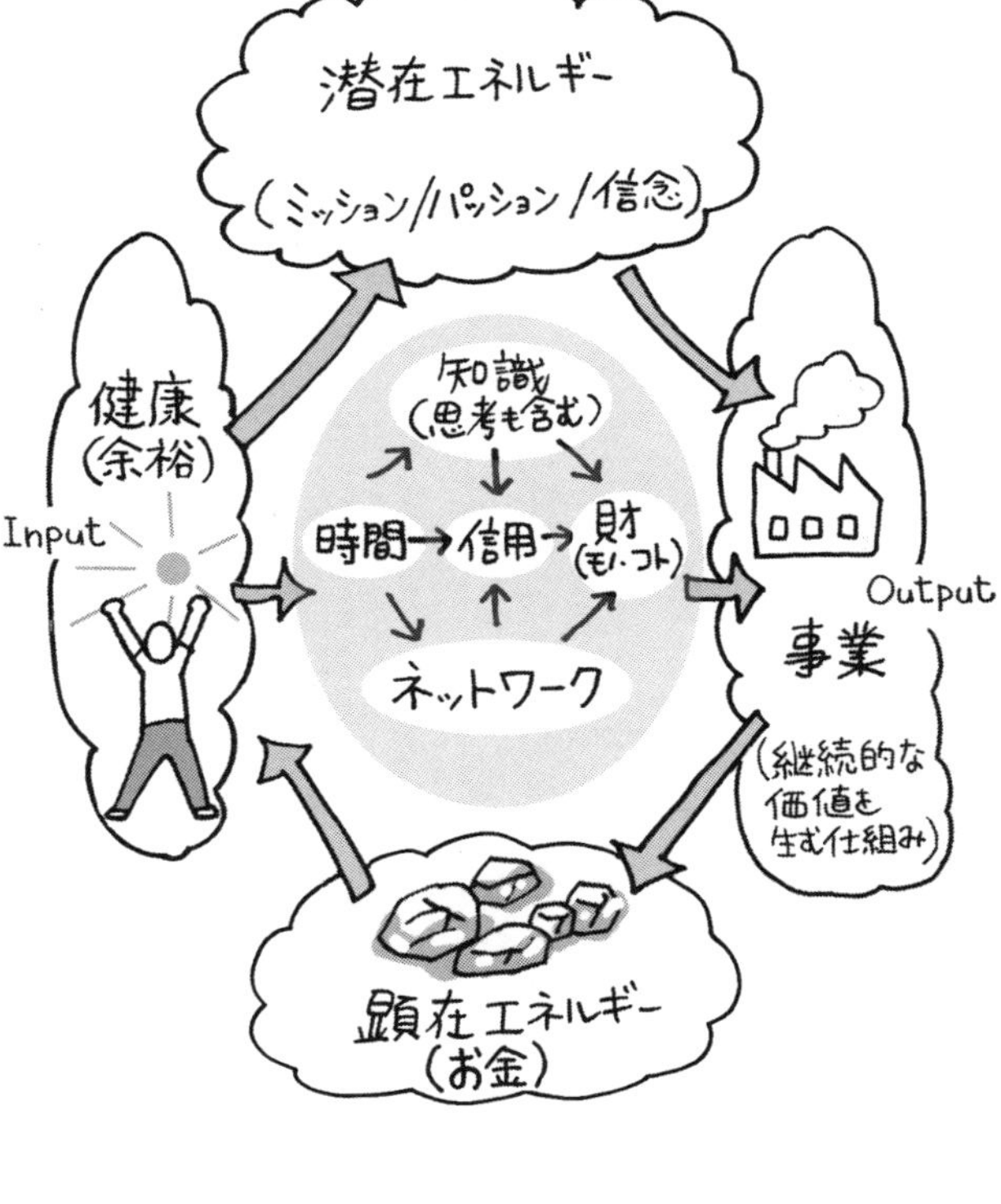

とした財を形成し、創造（貢献）へとつなげることで形成されてゆきます。

もう少し説明しましょう。

まず資源として投入するものの中心は健康（余裕）です。健康が時間を生み、時間が知識と信用、ネットワークを作ります。それを通して、財ができ財を継続的に生み出すしくみ、すなわち事業が創造されます。事業は可視化されたエネルギーであるお金を生みます。お金は予防医学や先端医療、食材や良好な人間関係という形で健康の資源となります。健康はミッション／パッションを生み、それは継続的な価値を産み出す仕組みである事業の源泉です。

私達の投資や意識の中心はまず健康に向かうことになります。健康についてはこれまで医学部に行くかＴＶ番組かという極端な二者択一しかありませんでしたが、普通の人が健康への正しい知識を持つ機会がもっと増えてくるはずです。

## 4　お金について意識するべき一〇の習慣

さて最後になりました。

お金についての一〇の習慣を述べて本書を締めくくりたいと思います。

一、購買意思決定の「一・二・三ルール」を意識しよう。

「一」は、一度に買うのはたった一つであり、「二」は、購入判断は一回目でせず二回目以降にして、冷静に考察する時間を作る、「三」は、三つ以上のものを「比較」せよ、というルールです。この「一、二、三ルール」を遵守《じゅんしゅ》するとまず無駄な出費が減ります。

二、Don't make money, Create Credit（カネを稼ぐより、信用を創る。）

お金とは、信用を数値化したものに過ぎない。お金を稼ぐことでなく、信用を創ることに注力しましょう。

三、お金にうまく色をつけよう。

お金自身はニュートラルな存在であり、お金に色をつけるのは常に人間です。みなさんはお金について親や親戚から、または学校でいろいろなことを教えられ、価値観を植え付けられてきたかもしれません。まずはそれを忘れましょう。お金はニュートラルなエネルギーにすぎません。お金についての先入観を捨て、うまく色をつけましょう。

四、お金以外のコミュニケーションツールを使おう。

お金は便利な道具です。しかし同じ道具ばかり使っていると心身のバランスも社会的なバランスも取れなくなってしまいます。お金以外のコミュニケーションツール、つまり言語・共感／想いやり・価値観を使いましょう。

五、お金をうまく流せるようにしよう。

お金の流れに気を配り、ペイフォワード（社会・将来へお金を渡すこと）をしましょう。お金は稼ぐは才覚、使うは品格と言います。お金を使うのは難しいものです。大きなお金を使うには構想力と行動力、その前提となる好奇心の三つが必要となります。また、いくらお金を使っても他人はある程度までしか動かせません。最後はその人の品性によります。

六、いくらお金を持っているか？　ではなく、誰とつきあっているかを意識しよう。

いくら持っているかよりも、どう在るか、何をするか、の方がより重要になる時代です。自分の矜持・才能・価値観を明確に意識し、そのコンセプトを外見・主張・行動と一貫させましょう。。

七、お金でお金を増やすことはやめよう。

お金はアミノ酸と同様、それ単体では存在しえません。「想い」や行動と結びついた時に価値を生じます。お金単体を増やすことを考えず、それを価値創造の一要素として扱いましょう。

八、価値を生み出し貢献してゆくギバーとして生きよう。

仕事とは才能を貢献に変換する作業です。自分の個性を再発見し、「才能」と「貢献」に焦点を当て続けていきましょう。

九、価値の方程式を意識して信用を積み上げよう。

価値＝（専門性＋確実性＋親和性）／利己心であり、言い換えれば「誠実さ(integrity)」「コミットメント」「力量（スキル）」「成果」の四つの要素から生まれます。

一〇、時間を意識しよう。

時間は二一世紀のもっとも大切な資源です。自らの時間単価を上げるのは当然ながら人生の総時間を増やすためにも健康への知識と意識を高めていきましょう。

# おわりに

本書を最後までお読みくださりありがとうございました。

本書は、二〇一〇年に刊行した『なぜゴッホは貧乏で、ピカソは金持ちだったのか？——これからを幸せに生き抜くための新・資本論』の続編に当たります。前著では「お金のピラミッド」という枠組みを使ってお金の仕組みとその中での生き方を提示しました。その後、七年の歳月をかけて書かれた本書では「お金の歴史と未来」に焦点をあて、そこから導き出される二一世紀の生き方を提唱しています。ベースにしたのは東京大学大学院修士論文である「時間通貨とネットワーク贈与経済に関する研究」（山口揚平・二〇一五）です。本書の試みが成功したかはまだわかりませんがその内容が少しでもみなさんのお役に立てば著者として幸甚です。忌憚《きたん》ないご意見・温かいご感想をいつでもお待ちしております。

さて、会社とは何か？（『企業分析力養成講座』日本実業出版社）、経済（投資）とは何か？（『ほんとうの株のしくみ』ＰＨＰ研究所）、お金とは何か？（本書）という三つの書籍の刊行によって社会の仕組みを考える私の思索の旅はひとまず終わりました。

この一連の旅の中でわかったことは「資本や貨幣に逆らうのはやめた方がいい」ということです。

かのマルクスは大英図書館に三〇年以上ひきこもってあらゆる書物を読み込んだ上で、『資本論』を書きました。いわく「あぁ資本がすべてのみこんでゆく、人々の労働さえも『商品』になってしまう。人は機械化され搾取され匿名のものになってしまう……」そして人道的・倫理的な観点からその世界を否定しました（マルクスの主張の本質はもちろんそれではないけれど、当時の人々はこのように読み取りました）。古今東西のあらゆる経済学者は、あらゆる書物を読み、学び、思考した上で最後に必ず〝日和《ひよ》る〟ように思えます。アダム・スミスしかり、ミル、ハイエクしかり、そしてあのケインズでさえも「資本に抗ずる」ことを考えるのです。

最近ではジャック・アタリやトマ・ピケッティもそうです。メディアも含め倫理的・人道的主張へと論を落ち着かせようとしているように私には思えます。なぜならそれこそが彼らが経済学者になる理由だからです（私もそうです）。しかし残念ながら資本を否定したまさにそのタイミングに彼らの学問は死ぬのです。それまでのどんなに精緻《せいち》な分析も定量的解析も深遠な洞察も無に帰するのです。

経済の論点は、いつも同じです。すなわち格差の問題、そして資本がすべてを飲み込んで画一化して無機化してゆくという点です。このどちらも本質的には同じ問題です。それは、我々が有機的だと思っているものが無機化することの問題です。格差は、全体論としては人間関係の断絶によって社会の危機となり、個別論としては人の生命の危機になるということです。

この世界は未来永劫《みらいえいごう》に資本の波から逃れることはできません。繰り返しになりますが私が経済学を学んで悟ったことは、資本を否定することの愚かさでした。貨幣とその蓄積である資本は、数字というもっとも汎用的、逆に言えば抽象的・匿名的な財の形をとった〝完全言語〟です。その汎用性ゆえに、人々の最終的な欲求はこの究極の財である貨幣の獲得に向かわざるを得ません（ただし、本書で述べた上位次元欲求はお金では買えません）。

その上で人はどうあるべきか、なにをやるべきか？　それは三つだと私は思います。一つには資本の波を食い止めること（規制）、二つめは、飲み込まれた人を助けること（福祉）、そして三つめは、新たな有機物を発見し、創り出すことです。一と二は、政府、ＮＧＯ、ＮＰＯが地球規模でやっていることです。この資本を食い止める行為は中世で言えば城を作り国民を護《まも》る行為です。しかしそれ以上に資本を使ったビジネスが世界を無機化してゆくスピードの方が速いのが現在です。ですから、現代を資本主義だとか社会主義がよいとかいうのは馬鹿げていると考えます。

二〇世紀のビジネスとは本質的に、無機化する行為でした。すなわち、標準化によってプロセスを単純化し、画一化によって商品を匿名化し、中毒化によって顧客の生命を無機化することです。二〇世紀のビジネスとは端的に言えば、「標準化・画一化・中毒化」することです。貨幣と資本という切断機によって、有機物を無機物に変える行為です。これを冷静に見据えた上で、人は、三つ目の、あらたな有機物を発見し、創造する行為に向かうのです。

私が言いたいのは物事《ものごと》を無機化することがよくないということではありません。そうではなく、圧倒的なスピードとパワーで無機化する時代に、有機化や創造に焦点を当てて生きて欲しいということです。

大切なのは、無機・有機の「差」が余裕であり、うるおいとなるということを心に留めておくことです。都会でいくらたくさん稼いでも（無機化力が強くても）、有機性、例えば人間関係が薄かったり、自然や食、マインドの安定がなければ豊かではないし、逆に、田舎で有機物が溢《あふ》れていても、無機化するパワー（資本による撹拌《かくはん》運動）が弱ければやはり豊かではないのです。稼げばいい、穏やかであればいい、という一元的な考えでなく、有機、無機のバランスの中に、動的な生命としての豊かさがあるということです。

「おわりに」まで読んでくださった読者のみなさんに、最後にお伝えしたいのは以下の三つです。一つ、資本や貨幣を否定することは無価値であること。二つ、有機物の発見と創造に尽くすこと。そして三つ、生活経済において有機・無機の調和を心がけること、です。

私はこれからも、生命とは何か？　人間とは何か？　はたまた我々は一体なんなのか？　という真理の追求に向かって哲学の旅を続けて参ります。

みなさまと一緒に果てない旅路を歩んでゆければ幸いです。これからもどうぞよろしくお付き合いくださいませ。

最後になりましたが、本書の執筆に当たっては、編集の鶴見智佳子さんはじめ筑摩書房のみなさま、ブルー・マーリン・パートナーズの仲間、インターンの大学生、中でも京都大学の大西芽衣さんに大変なご協力をいただきました。なかなか筆の進まない筆者を、いつも温かく見守り、的確なご指示をいただいたからこそ、本書を出版することができました。

また、本書の執筆に限らず、日々知識やインスピレーションを与えてくれる家族や友人たちには、いつも感謝しています。

読者のみなさまがお金とよりよく付き合っていけるようお祈りしています。

二〇一七年一一月三日

山口揚平

〈ご意見はこちらへ〉
E-mail：yy@dsigr.com
Twitter：@yamaguchiyohei
Facebook:yamaguchi yohei
Instagram：yohei63

〈**参考文献**〉

Iwai Katsuhito *The bootstrap theory of money*（A search-theoretic foundation of monetary economics.Structural Change and Economic Dynamics Volume 7/Issue 4, 1996）
Sayfang Gill *Working Outside the Box*（Community Currencies, Time Banks and Social Inclusion. Journal of Social Policy / Volume 33 / Issue 1 / January 2004）
阿部《あべ》浩之《ひろゆき》「感情労働論―理論とその可能性」（経済理論第四七巻第二号、二〇一〇）
伊坂幸太郎『ゴールデンスランバー』（新潮文庫、二〇一〇）
伊藤誠《いとうまこと》「『二一世紀の資本』論――格差再拡大の政治経済学」（The Japan Academy 二〇一五）
稲葉《いなば》陽二《ようじ》、藤原佳典《ふじわらよしのり》「少子高齢化時代におけるソーシャル・キャピタルの政策的意義」（行動計量学第三七巻第一号、二〇一〇）
岩井《いわい》克人《かつと》『貨幣論』（筑摩学芸文庫、一九九八）
宇城輝人《うしろてると》「力の条件が失われるとき――社会的なものの変容をめぐって」（日仏社会学会報」、二〇〇九）
岸見《きしみ》一郎《いちろう》、古賀《こが》史健《ふみたけ》『嫌われる勇気　自己啓発の源流「アドラー」の教え』（ダイヤモンド社、二〇一三）
アダム・グラント『GIVE & TAKE「与える人」こそ成功する時代』（三笠書店、二〇一四）

小林正宏《こばやしまさひろ》、中林伸一《なかばやししんいち》『通貨で読み解く世界経済――ドル、ユーロ、人民元、そして円』（中公新書、二〇一〇）

おのなおと「Life is sparks」（https://life-is-sparks.com）

近藤克則《こんどうかつのり》、平井寛《ひらいひろし》、竹田《たけだ》徳則《とくのり》、市田《いちだ》行信《ゆきのぶ》、相田《あいだ》潤《じゅん》「ソーシャル・キャピタルと健康」（『行動計量学』第三七巻第一号、二〇一〇）

菅付雅信《すがつけまさのぶ》『物欲なき世界』（平凡社、二〇一五）

須藤修《すどうおさむ》『ノイズと経済秩序――資本主義の自己組織化』（日本評論社、一九八八）

寺地《てらち》孝之《たかゆき》「イングランド銀行の中央銀行化過程――一八三九年恐慌による検証」（商學論究第三五巻第三号、一九八八）

塘茂樹《ともしげき》「メンガー『国民経済学原理』の統一的解釈について」（『京都産業大学論集』社会科学系列第二三号、二〇〇六）

内藤敦之《ないとうあつし》「認知資本主義――ポスト・フォーディズムにおける新たな労働」（進化経済学会第一三回大会、二〇〇九）

根井《ねい》雅弘《まさひろ》『経済学八八物語』（新書館、一九九七）

ダニエル・ピンク『フリーエージェント社会の到来―「雇われない生き方」は何を変えるか』（ダイヤモンド社、二〇〇二）

ヴォルター・ベンヤミン『複製技術時代の芸術』（晶文社クラシックス、一九九九）

マダム・ホー『世界一愚かなお金持ち、日本人』（ディスカヴァー携書、二〇〇八）
本田《ほんだ》哲也《てつや》、田端《たばた》信太郎《しんたろう》『広告やメディアで人を動かそうとするのは、もうあきらめなさい。』（ディスカヴァー・トゥエンティワン、二〇一四）
フェリックス・マーティン『二一世紀の貨幣論』（東洋経済新報社、二〇一四）
見田《みた》宗介《むねすけ》『価値意識の理論——欲望と道徳の社会学』（弘文堂、一九六六）
カール・メンガー『国民経済学原理』（日本経済評論社、一九九九）
山口揚平『なぜゴッホは貧乏で、ピカソは金持ちだったのか？』（ダイヤモンド社二〇一三）
山口揚平「時間通貨とネットワーク贈与経済の可能性に関する研究」（二〇一五）
山本《やまもと》啓《ひらく》「グローバル・ガバナンスの変容とマルティレベル・ガバナンス（上）」（研究年報　社会科学研究第三二巻、二〇一二）
楊枝《ようじ》嗣朗《しろう》「漂流する貨幣論の行方」（佐賀大学経済論集第四〇巻第五号、二〇〇八）

ちくまプリマー新書290

新《あたら》しい時代《じだい》のお金《かね》の教科書《きょうかしょ》

二〇一七年十二月十日　初版第一刷発行

著者　山口揚平（やまぐち・ようへい）

装幀　クラフト・エヴィング商會

発行者　山野浩一

発行所　株式会社筑摩書房
東京都台東区蔵前二-五-三　〒一一一-八七五五
振替〇〇一六〇-八-四一二三

印刷・製本　中央精版印刷株式会社

ISBN978-4-480-68994-8 C0233 Printed in Japan

乱丁・落丁本の場合は、左記宛にご送付ください。
送料小社負担でお取り替えいたします。
ご注文・お問い合わせも左記へお願いします。
〒三三一-八五〇七　さいたま市北区櫛引町二-六〇四
筑摩書房サービスセンター　電話〇四八-六五一-〇〇五三